Dr. Fortmann/Dörflinger
Gewächshausgärtnern
naturgemäß

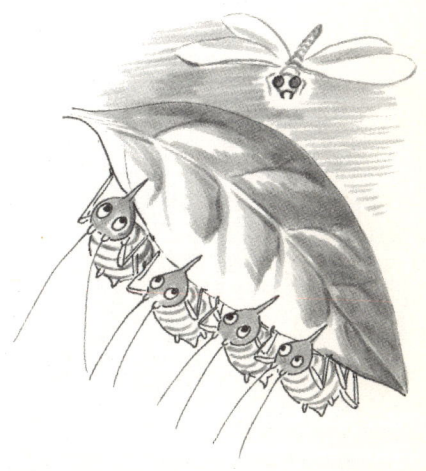

Dr. Manfred Fortmann
Robert Dörflinger

Gewächshausgärtnern naturgemäß

Franckh-Kosmos

Impressum

Mit 20 Farbfotos von: Rolf Bühl, Stuttgart

Mit 27 Zeichnungen von: Archiv: 63 o.; Archiv/Kliefoth: 50, 52, 57; Dr. H. Bathon, BBA Darmstadt: 62 u.; Gabriele Goßner, Gauting: 33, 34, 39, 40, 41, 42, 69; Gabriele Hampel, Kelkheim: 14; Reinhild Hofmann, München: 46, 59, 60, 61, 62 o., 63 u., 66, 68; W. Neudorff GmbH KG, Emmerthal: 9; Gerd Ohnesorge, Magdeburg: 19, 49, 53

Vignetten von Marianne Golte-Bechtle, Stuttgart

Umschlaggestaltung von Atelier Reichert, Stuttgart, unter Verwendung von vier Farbfotos von »Mein schöner Garten«, Burda GmbH, Foto: Felix Gross (Vorderseite, großes Foto), Jürgen Wolff, Gengenbach (Vorderseite, kleine Fotos) und Dietmar Nill, Mössingen (Rückseite)

Alle Angaben in diesem Buch sind sorgfältig geprüft und geben den neuesten Wissensstand bei der Veröffentlichung wieder. Da sich das Wissen aber laufend in rascher Folge weiterentwickelt und vergrößert, muß jeder Anwender prüfen, ob die Angaben nicht durch neuere Erkenntnisse überholt sind. Dazu muß er zum Beispiel Beipackzettel zu Pflanzenschutz- bzw. Pflanzenpflegemitteln lesen und genau befolgen sowie Gebrauchsanweisungen und Gesetze beachten.

Die Deutsche Bibliothek –
CIP-Einheitsaufnahme

Fortmann, Manfred:
Gewächshausgärtnern naturgemäß : [mit vielen Anbautips für Gemüse und Kräuter] / Manfred Fortmann ; Robert Dörflinger. [Mit 20 Farbfotos von: Rolf Bühl]. – 2. Aufl. – Stuttgart : Franckh-Kosmos 1993
    ISBN 3-440-06705-X
NE: Dörflinger, Robert

2. Auflage/1993
© 1991, Franckh-Kosmos Verlags-GmbH & Co., Stuttgart
Alle Rechte vorbehalten
ISBN 3-440-06705-X
Printed in Germany/Imprimé en Allemagne
Satz: Typobauer Filmsatz GmbH, Ostfildern 3
Herstellung: Huber KG, Dießen

Inhalt

Vorwort

»Naturgemäß gärtnern« ist keine komplizierte oder gar geheimnisvolle Wissenschaft. Der schonende Umgang mit der Natur, die bewußte Nutzung der in ihr verborgenen Kräfte, die Einbeziehung natürlicher Wechselwirkungen und Wirkungsgefüge in die gärtnerische Anzucht und Pflege von Gemüse, Kräutern, Obst und Zierpflanzen setzen jedoch einige Fachkenntnisse voraus, wenn gesunde Pflanzen, üppiges Wachstum und reichliche Ernten auch ohne umweltbelastende Methoden und Mittel erzielt werden sollen. »Naturgemäß gärtnern« ist sehr viel mehr als »Gärtnern ohne Gift«; dies gilt für den Garten ebenso wie für das Gewächshaus.

Wir haben versucht, die für das naturgemäße Gewächshausgärtnern wesentlichen Grundlagen, Verfahren und Hilfsmittel zusammenzustellen – ohne jeden Anspruch auf Vollständigkeit. So bleiben die vielfältigen Nutzungsformen eines Gewächshauses bei den verschiedensten technischen Voraussetzungen von der Heizung und Belüftung bis hin zur Bewässerung und künstlichen Beleuchtung weitgehend unberücksichtigt. Ferner haben wir die Anzucht und Pflege von Gemüse in Bodenkulturen, also im Grundbeet des Gewächshauses, in den Vordergrund gerückt, wobei sich die meisten der vorgestellten Methoden und Aspekte auch auf Topf- oder Containerkulturen übertragen lassen.

Naturgemäß gärtnern im Gewächshaus

Kleingewächshäuser werden bei Hobbygärtnern immer beliebter. Sie ermöglichen uns, weitestgehend unabhängig von Klima und Witterung, das »Gartenjahr« sowohl im Frühjahr als auch im Herbst um einige Monate zu verlängern. Auch ein verregneter, kühler Sommer beeinträchtigt das Gärtnern unter Glas oder Folie nur wenig. In beheizbaren, gut isolierten Gewächshäusern können sogar das ganze Jahr hindurch Pflanzen angezogen und gehalten werden.

Diese Vorteile »verführen« verständlicherweise zu einer meist recht intensiven Nutzung. Der Platz ist knapp, und trotzdem sollen mehrere Kulturen gleichzeitig und nacheinander optimales Wachstum und ertragreiche Ernten bringen. Boden und Pflanzen sind somit in diesem »künstlichen System« extremen Bedingungen ausgesetzt. Da natürliche Regulationsmechanismen beim Auftreten von Krankheiten und Schädlingen im Gewächshaus nur bedingt wirksam werden, ist eine ständige Beobachtung und das fachkundige Eingreifen des Gärtners erforderlich. Trotzdem sollte man sich nicht dazu verleiten lassen, diesen Problemen durch übertriebene Düngung und chemischen Pflanzenschutz entgegenzuwirken. Auch wenn nicht alle Grundzüge des naturgemäßen Gärtnerns im Gewächshaus umsetzbar sind, so stehen uns hier doch einige wesentliche Elemente zur Verfügung.

Vorbeugen ist besser als heilen

Wer naturgemäß gärtnern möchte, darf nicht an Symptomen herumdoktern, sondern muß sich ein ganzheitliches Denken und Handeln zu eigen machen. Angefangen bei der richtigen, dem Standort und der Nutzungsform des Gewächshauses entsprechenden Auswahl geeigneter Pflanzenarten und -sorten, der Verwendung gesunden Saat- und Pflanzgutes, der schonenden Bodenbearbeitung und Bodenverbesserung, der Berücksichtigung günstiger Aussaat- und Pflanztermine, einer ausgeglichenen organischen Düngung und biologischen Pflanzenstärkung bis hin zu Fruchtwechsel, Mischkultur sowie Schonung und Förderung von Nützlingen – alle diese vorbeugenden Maßnahmen tragen dazu bei, die Wahrscheinlichkeit eines Schadens bzw. eines Massenbefalls von Schädlingen zu reduzieren und die natürlichen Widerstandskräfte des Pflanzenbestandes zu erhöhen.

Boden und Erde – die Grundlage für gesundes Pflanzenwachstum

Voraussetzung für gesunde Pflanzen ist ein gesunder Boden – diese Aussage gilt auch für das naturgemäße Gärtnern im Gewächshaus. Der Boden erfüllt eine ganze Reihe von Dienstleistungen. Er ist mehr als »Ankerplatz« für die Wurzeln, er bietet ihnen Schutz vor direkter Sonnenbestrahlung und extremen Temperaturschwankungen, ist Wasser- und Luftspeicher zugleich, Quelle und Vermittler von Pflanzennährstoffen, Filter und Puffersystem für Schadstoffe und Lebensraum für zahlreiche Organismen.

Die Bedeutung der Bodenorganismen

Das sog. Edaphon, also die Gesamtheit der ausschließlich im Boden lebenden Organismen, erfüllt vielfältige und wichtige Aufgaben. Die natürliche Fruchtbarkeit und Gesundheit eines Bodens hängt in starkem Maße von den in ihm lebenden Organismen ab, die hier viele Funktionen erfüllen:
Zersetzung der mineralischen Substanz, Freisetzung und Umsetzung von Pflanzennährstoffen, Zerkleinerung und Abbau organischer Substanzen sowie deren Umwandlung in Nahrung für das Bodenleben und für die Pflanzen. Bodenorganismen lockern und durchmischen den Boden und verkleben die Bodenteilchen zu stabilen Krümeln. Zudem wird der größte Anteil des für das Pflanzenleben wichtigen Kohlendioxids vom Edaphon produziert.

Je größer die Vielfalt der im Boden des Gewächshauses lebenden Organismen, um so geringer ist die Gefahr einer einseitigen Massenvermehrung von Krankheitserregern. Die Stoffwechselprodukte der Bodenlebewesen fördern das Pflanzenwachstum und sind maßgeblich an der Bildung natürlicher Widerstandskräfte der Pflanzen beteiligt. Auch als natürliche Gegenspieler bodenbürtiger Krankheitserreger spielen Mikroorganismen eine wichtige Rolle. So verbessert das Edaphon den Boden in einer Weise, wie dies durch mechanische Maßnahmen der Bodenpflege nicht zu erreichen ist. Die Wissenschaft nennt dieses Phänomen das »antiphytopathogene Potential«.
Die meisten Bodenorganismen, die als Humusbildner fungieren, brauchen einen Boden, der gut durchlüftet ist, genügend Feuchtigkeit besitzt und einen neutralen oder schwach sauren pH-Wert (Säuregrad) aufweist. Sie befinden sich vorwiegend in der oberen Bodenschicht bis 15 cm Tiefe. Streßsituationen wie Trockenheit und Nässe, Hitze und Gefrieren sowie tiefgründiges

Bodenorganismen

Umgraben können das Bodenleben empfindlich stören. Bei fehlender schützender Pflanzendecke ist der Boden nur dünn von Mikroorganismen besiedelt. Durch Mulchen kann dieser negative Effekt vermieden werden. Große Vielfalt von Bodenorganismen hat zur Folge, daß der Boden mit Humus und wertvollen Mineralen angereichert wird, eine gute Struktur mit ausreichendem Porenvolumen und stabilem Krümelgefüge erfüllt, um auf diese Weise ein optimaler Pflanzenstandort zu werden.

Artenvielfalt im Boden

Für die Umlagerung, Durchlüftung und Wasserführung des Bodens sind *Regenwürmer* außerordentlich wichtig. Sie graben Gangsysteme in den Boden, in die sie Pflanzenteile und Blätter hineinziehen, und sondern Sekrete ab, wodurch die Zersetzung organischer Stoffe schon außerhalb des Wurmkörpers beginnt. Regenwürmer fressen sich durch den Boden und nehmen dabei mit der organischen Substanz auch die darauf lebenden Mikroorganismen auf. Im Darm werden dann alle diese Stoffe miteinander vermischt. Abgestorbene Darmzellen, Mikroorganismen und symbiotisch im Regenwurmdarm lebende Stickstoffsammler fördern den Aufbau wertvoller Humusstoffe sowie

Ein vielfältiges Bodenleben ist Voraussetzung für die Bodenfruchtbarkeit.

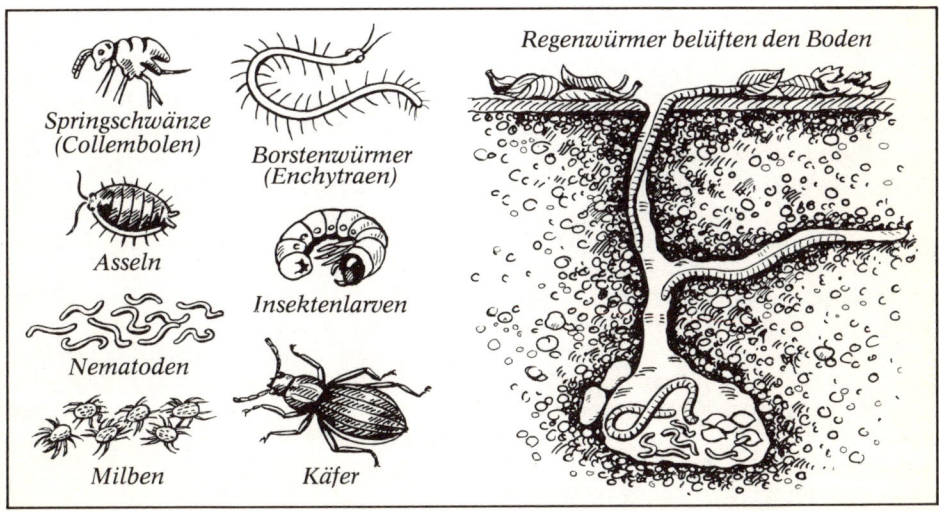

Springschwänze (Collembolen)

Borstenwürmer (Enchytraen)

Asseln

Insektenlarven

Nematoden

Milben

Käfer

Regenwürmer belüften den Boden

die Bildung stabiler Ton-Humus-Komplexe. Bakterien und Strahlenpilze finden in der Regenwurmlosung günstige Lebensbedingungen.

Die zu den *Gliederfüßlern (Arthropoden)* zählenden Krebse, Spinnentiere, Tausendfüßer und Insekten wirken ebenfalls in erheblichem Maße an der Zersetzung der organischen Substanz und Humusbildung mit. Einige Arten leben von abgestorbenem Material oder von Ausscheidungen anderer Bodentiere, andere ernähren sich räuberisch. Die zu den *Spinnentieren* gehörenden Hornmilben *(Oribatiden)* verzehren z.B. Laub, Wurzeln und Holzreste, haben also die Fähigkeit, die schwer zu zersetzende Cellulose (Hauptbestandteil pflanzlicher Zellwände) und Lignin (Holzsubstanz) zu verdauen.

Von den *Insekten* sind die Springschwänze *(Collembolen)* bodenbiologisch am wichtigsten. Sie ernähren sich von Pilzsubstanz, Bakterienkolonien, sich bereits zersetzenden organischen Stoffen und abgestorbenen Insekten, Nematoden und Würmern.

Insektenlarven fressen während ihrer Entwicklung große Mengen organischer Substanz und tragen durch ihre Ausscheidungen so zur Humusbildung bei. Käfer graben sich Gänge durch den Boden und unterstützen damit die Durchlüftung und Lockerung des Bodens. Ihre Überreste führen dem Boden wichtige Phosphorverbindungen zu.

Den *Bodenmikroorganismen* fällt die Aufgabe zu, die abgestorbene organische Substanz pflanzlicher und tierischer Herkunft zu verwertbaren Pflanzennährstoffen umzubauen. Auf diese Weise werden Kohlendioxid und für die Pflanzenernährung wichtige Mineralstoffe freigesetzt.

Bodenbakterien sind einzellige, pflanzliche Lebewesen, die auf organischer Substanz gedeihen. Die meisten Bodenbakterien benötigen Sauerstoff und sind daher auf eine gute Durchlüftung des Bodens angewiesen. Einige Bakterien bauen Eiweiß zu Ammoniak ab. Das ist eine Stickstoff-Form, die die Pflanze aufnehmen kann. Manche Mikroorganismen des Bodens leben symbiotisch mit bestimmten Pflanzen, d.h. zum wechselseitigen Nutzen. Bakterien der Gattung *Rhizobium* findet man zusammen mit Leguminosen (Schmetterlingsblütlern) als sog. Knöllchenbakterien. Diese können Stickstoff aus der Luft binden, mit dem sie Pflanzen versorgen. Dafür erhalten sie von der Pflanze Kohlenhydrate.

Strahlenpilze (Actinomyceten) haben die Fähigkeit, Antibiotika zu bilden und dadurch viele Krankheitserreger im Boden abzutöten. Zudem bereiten sie den vollständigen Abbau von Lignin und Cellulose vor und sind daher von elementarer Bedeutung für den Aufbau von Dauerhumus.

Bodenpilze beteiligen sich an der Zersetzung von abgefallenen Blättern und moderndem Holz, spalten Kohlenhydrate, Eiweiße und Cellulose auf und unterstützen höhere Pflanzen bei der Nährstoffaufnahme.

Bodenstruktur und Bodenverbesserung

Der Boden in einem Gewächshaus ist zunächst einmal durch dessen Standort vorgegeben: In Extremfällen handelt es sich hier um einen leichten Sandboden oder einen schweren Tonboden. Günstiger sind mittelschwere Lehmböden, deren Qualität maßgeblich durch die Gehalte an Ton und Sand bestimmt wird. Mineralische Substanzen, organische Stoffe, lebende Organismen, lösliche Nährstoffe sowie die mit Wasser oder Luft (Gas) gefüllten Poren stellen die wertbestimmenden Bestandteile eines jeden Bodentyps dar. Ideal für ein gesundes Pflanzenwachstum im Gewächshaus ist ein lockerer, feuchter Humusboden mit einem regen Bodenleben.

Leichte Sandböden

Böden mit hohem Sandanteil sind leicht zu bearbeiten, die Wasserführung ist gut, die Durchlüftung intensiv und die Pflanzen haben es leicht, das Erdreich mit ihren Wurzeln zu durchdringen. Das Problem ist hier die mangelnde Wasser- und Nährstoffspeicherfähigkeit durch den Mangel an Tonmineralen. Ein Tonmineral hat nur ein Tausendstel der Größe eines Sandkornes und besteht aus mehreren Schichten. Zwischen diesen Schichten können Nährstoffe und Wasser auswechselbar ein- bzw. angelagert werden. Auch für die Umwandlung organischer Substanzen in Ton-Humus-Komplexe (Dauerhumus), die für die Strukturbildung des Bodens wesentlich verantwortlich sind, werden Tonminerale benötigt.

Zur Verbesserung eines sandigen Bodens ist es zunächst wichtig, den Wasser- und Nährstoffhaushalt durch eine Verbesserung der Bodenstruktur zu regulieren. Der erste Schritt ist daher das Ausbringen von Bentonit, einem Steinmehl, das zu über 50% aus dem wohl wichtigsten Tonmineral, dem Montmorillonit, zu 15–20% aus Illit und zu 10% aus Kaolinit besteht. Durch sein enormes Quellvermögen verbessert Bentonit die Wasserhaltefähigkeit des Bodens, und durch die hohe Adsorptionsfähigkeit ermöglicht er eine bessere Speicherung der wasserlöslichen Hauptnährstoffe Stickstoff und Kalium. Zur weiteren Verbesserung benötigt der Gewächshausboden reichlich Kompost, der im Sandboden – dank der Tonanteile – zu Dauerhumus umgewandelt wird. Auch eine Mulchschicht als ständige Bodenbedeckung trägt wesentlich dazu bei, die Mängel eines leichten Sandbodens auszugleichen.

Schwere Tonböden

Der Tonboden hat ein Zuviel an Tonmineralen, die zudem wie gemauert aufeinanderliegen. Weder Wasser noch Luft können hier zirkulieren. Nach dem Gießen der Pflanzen verschlämmt der Boden, es kommt zu Bodenverdichtungen und ungünstigen Wachstumsbedingungen.

Diesen Böden fehlt es an groben Partikeln. Sandgaben (überall als Bausand erhältlich) sind nützlich, aber lösen die Probleme nicht. Schwere Tonböden sind nur durch Maßnahmen zur Aktivierung des Bodenlebens nachhaltig zu verbessern. Insbesondere ist auf den Kalkgehalt zu achten, d.h., die Bodenreaktion (Säuregrad) sollte hier zwischen pH 6,5 und 7 liegen. Wird dieser Wert nicht erreicht, so empfiehlt sich eine Aufkalkung. Notwendig sind ferner Kompostgaben und Gründüngung zur Anreicherung von Humus.

Mittelschwere Lehmböden

Grundsätzlich sollten Lehmböden regelmäßig Kompostgaben erhalten. Durch Mulchen und Gründüngung läßt sich ihre physikalische Struktur langfristig verbessern. Diese Maßnahmen allein reichen jedoch meist nicht aus. Wichtig ist hier – und das gilt im Prinzip für alle Bodenarten im Gewächshaus – eine Zufuhr und Wiederanreicherung wertvoller Mineralsubstanzen, die dem Boden durch die Ernte laufend entzogen werden. Gerade bei mittelschweren Lehmböden sind daher regelmäßige Urgesteinsmehl-Gaben zu empfehlen. Durch den Kieselsäuregehalt erhält man besonders kräftige, gesunde Pflanzen, die hohe Abwehrkräfte gegen Schädlinge entwickeln können. Zudem reagiert Urgesteinsmehl basisch, d.h., es wirkt einer Übersäuerung des Bodens entgegen und schafft so gute Lebensbedingungen für die Bodenorganismen.

Keine Bodenfruchtbarkeit ohne Humus

Für alle physikalischen, chemischen und biologischen Eigenschaften des Gewächshausbodens hat neben den mineralischen Komponenten die organische Substanz des Bodens, also der Humus, eine große Bedeutung. Lockere Sandböden erhalten erst durch organische Substanz die Fähigkeit, Wasser und Nährstoffe in größerem Umfang pflanzenverfügbar zu speichern. Dichtlagernde, an feinsten mineralischen Bodenteilchen reiche Böden erlangen erst durch Humus ein besseres Gefüge. Kompost aus Küchen- und Gartenabfällen eignet sich sicherlich am besten zur Anhebung des Humusgehaltes im Boden. Man unterscheidet zwischen Mulchkompost, der nach sechs bis acht Wochen anwendungsfertig ist und zur Bodenauflockerung, zur Aktivierung des Bodenlebens und zur Nährstoffversorgung der Pflanzen hervorragende Dienste leistet, und Reifekompost, der erst nach ein bis drei Jahren auch als Pflanzerde für Aussaaten und Setzlinge verwendet werden kann. Die modernen Methoden der Schnellkompostierung ermöglichen ohne großen Aufwand die Bereitstellung ausreichenden Kompostmaterials. Um auch hier weitgehend witterungsunabhängig arbeiten zu können, empfiehlt sich die Verwendung eines speziellen Kompostsilos. Wer keinen Kompost zur Verfügung hat, kann sich mit einem Dauerhumuskonzentrat aus fossilem organischen Material behelfen (z.B. FULHUMIN).

Bodenverbesserung

Kalkmangel und Bodenmüdigkeit

Bodengare und natürliche Bodenfruchtbarkeit sind auch im Gewächshaus (wie im Garten) die Voraussetzungen für gesundes Pflanzenwachstum. Der Kalk spielt dabei eine ganz entscheidende Rolle.

Je nach Kalkgehalt teilt man die Böden in starksaure, saure, schwachsaure, neutrale und alkalische Böden ein. Die Ansprüche der Pflanzenarten an den pH-Wert des Bodens sind verschieden. Im allgemeinen soll der Boden schwachsauer bis neutral sein. In diesem Bereich finden auch die Bodenbakterien bei genügendem Humusgehalt die günstigsten Lebensbedingungen. Ein optimaler pH-Wert ist ferner für die Pflanzenverfügbarkeit vieler Nährstoffe wichtig (siehe dazu die Grafik auf Seite 19 unten rechts).

Im Gewächshaus sollte zweimal im Jahr, im Frühjahr und im Herbst, ein Kalktest vorgenommen werden. Im Handel sind verschiedene Hilfsmittel für einen solchen Säuretest der Erde erhältlich, den man dann selbst vornehmen kann.

Ist der pH-Wert stark abgesunken, der Boden also säurekrank, so ist eine Gesundungskalkung vorzunehmen. Besonders geeignet ist hier ein milder Düngekalk, der durch einen Zusatz an lebenden Azotobacter-Bodenbakterien gleichzeitig Wuchsstoffe bildet und dadurch die Wurzelbildung und das Wachstum der Gewächshauspflanzen fördert (AZ-KALK).

Gründüngung

Wenn im Gewächshaus nach dem Ernten von Gemüse oder Kräutern nicht gleich wieder gesät oder gepflanzt werden soll, ist das Aussäen von Gründüngungspflanzen empfehlenswert. Man wählt dazu schnellwachsende Pflanzen, die durch ihr dichtes Wurzelwerk den Boden lockern und krümelig werden lassen. Zudem wird der Boden vor Verdunstung geschützt und Unkraut unterdrückt. Nach dem Auflaufen bzw. vor der Blüte werden die Pflanzen abgeschnitten, als Mulchdecke verwendet oder in den Boden eingearbeitet.

Für diese rein pflanzliche Düngung und Bodenverbesserung im Gewächshaus sind folgende Arten geeignet: Serradella, Inkarnatklee, Winterwicke, Ölrettich, Weißer Steinklee und Gelbklee, Winterraps sowie Esparsette sind winterhart und können daher auch in ungeheizten Gewächshäusern die kalte Jahreszeit überdauern. Buchweizen, Lupine, Bienenfreund (Phacelia), Persischer Klee, Sommerwicke, Futtererbse und Gelber Senf können im Winter abfrieren. Auch die schnellwachsende Kresse ist als Gründüngungspflanze für das Gewächshaus gut geeignet. Bei dichter Aussaat im zeitigen Frühjahr kann man zur Pflanzzeit für Gemüsesetzlinge 25 x 25 cm große Stücke ausstechen, diese für einige Tage zur Verrottung umgekehrt (Wurzeln nach oben) wieder auflegen, um dann – nach Lockerung des Bodens und Einarbeitung einer Handvoll Kompost und bei Stark-

zehrern eines Eßlöffels Hornspäne – hier den Setzling zu pflanzen. Die Kresse um die Setzlinge herum sollte bei einer Höhe von 15 cm abgeschnitten und als Mulch auf das Beet gelegt werden.

Senf, Kresse und andere Kreuzblütler sollten nicht vor oder nach Kohl angebaut werden!

Schmetterlingsblütler (Leguminosen) wie z. B. Klee besitzen die Fähigkeit, den Stickstoff aus der Luft zu binden und an den Wurzeln in kleinen Knöllchen abzu-

Stickstoffsammelnder Schmetterlingsblütler (Bohne) mit Wurzelknöllchen (z. B. rechts eingekreist)

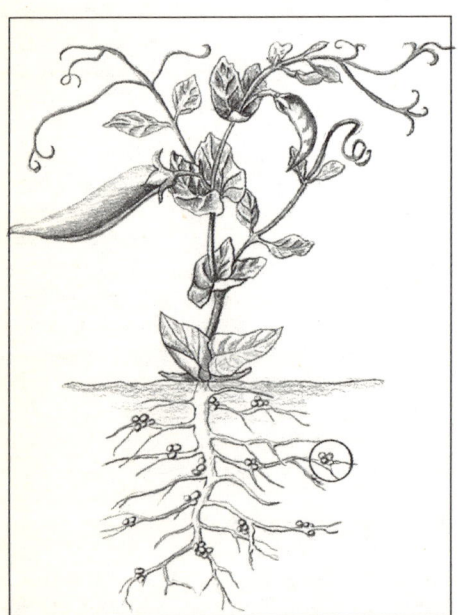

lagern. Die Wurzeln durchlüften außerdem den Boden bis in tiefe Schichten und liefern organische Substanz als Nahrung für die Bodenorganismen.

Pflanzsubstrate für Topfkulturen

Topfpflanzen wachsen grundsätzlich – im Gegensatz zu Erdkulturen – unter erschwerten Bedingungen: Ihren Wurzeln sind enge Grenzen gesetzt, Nährstoffe müssen ständig und häufiger nachgeführt werden, Versalzung und Verkrustung als Folge einseitiger Überdüngung sind – insbesondere bei mineralischer Düngung – keine Seltenheit. Dazu kommt besonders im Gewächshaus die Gefahr des schnellen Austrocknens. Andererseits lassen sich in geeigneten Pflanzsubstraten mit wenig Aufwand auch für Topfpflanzen natürliche Verhältnisse schaffen, die – gerade unter Glas – ein üppiges und gesundes Pflanzenwachstum ermöglichen.

Erdmischungen

Handelsübliche Blumenerden bestehen überwiegend aus Torf, der von Natur aus wenig Nährstoffe enthält. Zur Ernährung der Pflanzen kann Torf nichts beitragen, deshalb muß regelmäßig nachgedüngt werden. Auch haben diese Erden oft einen zu niedrigen pH-Wert, sie sind sauer.

Zur Aussaat und zum Pikieren sind ungedüngte Anzucht-Fertigerden bzw.

Torfkultursubstrate dagegen recht gut geeignet. Der Torfanteil trägt hier zur Lockerung und Wasserhaltefähigkeit der Erde bei. Für die Stecklingsvermehrung ist ein Torf-Sand-Gemisch im Verhältnis 2:1 gut geeignet. Zum Topfen und Umtopfen mischt man humusreiche Gartenerde (obere Bodenschicht) und gesiebten, gut verrotteten Kompost im Verhältnis 1:1. Ein Zusatz von Torf ist nicht unbedingt sinnvoll. Empfehlenswert dagegen ist das Einmischen von Urgesteinsmehl zur Anreicherung wertvoller Mineralsubstanzen und von Bentonitmehl zur Verbesserung der Wasseraufnahme und -haltefähigkeit. Um weitgehend natürliche Verhältnisse in der Pflanzerde zu schaffen, sollte diese mit Bodenmikroorganismen geimpft werden. Ohne lebenspendende Mikroorganismen verdichtet sich Topfpflanzenerde zunehmend. Sie wird hart und von einem unnatürlich wuchernden Wurzelfilz mehr und mehr verdrängt. Sie nimmt die Feuchtigkeit beim Gießen nicht auf, das Gießwasser bleibt oberflächlich stehen und läuft dann im Freiraum zwischen Wurzelballen und Topf-Innenwand hinunter. In einer biologisch aktiven Blumenerde ist zudem die Gefahr geringer, daß sich Krankheitserreger einseitig vermehren können. Topfpflanzendünger mit einem ausgewogenen Vorrat organisch gebundener Nährstoffe und bodeneigenen Mikroorganismen erhält man im Fachhandel (z.B. TOPFPFLANZEN-AZET).

Insbesondere bei der Verwendung handelsüblicher Blumenerden, die aus saurem Torf hergestellt werden, sollte man den pH-Wert berücksichtigen, denn dieser hat auch in Topfkulturen starke Auswirkungen auf das Gedeihen der Pflanzen und Bodenorganismen sowie auf den Wirkungsgrad von Düngemitteln. Die meisten Topfpflanzen und auch die nützlichen Bodenorganismen gedeihen am besten bei pH-Werten zwischen 6 und 7. Für Pflanzenarten, die einen niedrigeren pH-Wert bevorzugen, werden entsprechende Spezialmischungen im Handel angeboten.

Nährstoffversorgung durch naturgemäße Düngung

Neben dem eigentlichen Ziel der Düngung, nämlich der Versorgung des Bodens mit Pflanzennährstoffen, sollte die Düngung im naturgemäßen Gewächshausanbau noch weitere Anforderungen erfüllen: Sie soll das Wachstum aller Pflanzen nachhaltig anregen, die Abwehrkraft gegen Schädlinge und Krankheitserreger erhöhen, den ernährungsphysiologischen Wert von Obst, Gemüse und Kräutern verbessern, den Geschmack und die Haltbarkeit der Früchte positiv beeinflussen und muß auf die Maßnahmen der biologischen Bodenaktivierung abgestimmt sein.

Dünger ist nicht gleich Dünger

Es sollten nur solche Düngemittel ausgewählt werden, deren Nährstoffe vor-

wiegend in organisch gebundener Form vorliegen. Mineralische Dünger, die vornehmlich aus wasserlöslichen Salzen bestehen, können zwar von den Pflanzen direkt aufgenommen werden, dies aber gewissermaßen an den Mikroorganismen des Bodens vorbei. Das löst häufig eine augenfällige Sofortwirkung auf das Pflanzenwachstum aus, auf die Aktivität vieler Bodenorganismen aber hat ein ansteigender Salzgehalt im Boden eine hemmende Auswirkung. Der Boden verliert seine Krümelstruktur, und es kommt leicht zur Krustenbildung.

Organische Dünger können nicht direkt von den Pflanzen aufgenommen werden, ihre Nährstoffe werden erst durch Bodenorganismen über die Mineralisierung in eine pflanzenverfügbare Form gebracht. Die verglichen mit dem Freiland im Gewächshaus höheren Temperaturen wirken sich auf diese Umwandlung förderlich aus. Die Wirkung organischer Dünger ist zwar langsamer, dafür jedoch länger anhaltend. Eine Überdüngung ist nicht so leicht möglich wie bei mineralischen Düngern.

Düngung nach Bodentest

Durch einseitige Nährstoffversorgung, Überdüngung oder Nährstoffmangel können Pflanzen empfindlicher gegenüber Schädlingen oder Krankheiten werden. Eine überhöhte Stickstoffdüngung beispielsweise fördert Blattläuse, Spinnmilben, Nematoden und Grauschimmel.

Für Gärtner, die wirklich gezielt vorge-

hen wollen, lohnt es sich daher, den Nährstoffgehalt des Gewächshausbodens oder des Pflanzsubstrates mit einer Bodenuntersuchung zu ermitteln. Im Fachhandel sind hierfür geeignete Bodentest-Sets erhältlich. Die gefundenen Nährstoffwerte geben Aufschluß darüber, wieviel Stickstoff, Phosphor, Kalium oder Kalk dem Boden für den Anbau einer bestimmten Pflanzenart fehlt. Haben die Ergebnisse einen Nährstoffmangel gezeigt, läßt sich dieser leicht und gezielt mit organischen Einzelnährstoff-Düngern ausgleichen.

Wichtige Pflanzennährstoffe

Stickstoff fördert das vegetative Pflanzenwachstum. Im Boden muß dieses Hauptnährelement zunächst von Bakterien, Pilzen und Algen in Nitrat und Ammoniak umgewandelt werden, um über die Pflanzenwurzeln aufgenommen werden zu können. Stickstoffmangel zeigt sich an der Aufhellung und Ver-

Seite 17:
Oben: Larve der räuberischen Gallmücke (*Aphidoletes aphidimyza*) beim Aussaugen einer Blattlaus (siehe Seite 50 f.)
Unten: Räuberische Gallmücke (*Aphidoletes aphidimyza*) mit Blattläusen (siehe S. 50 f.)

Seite 18:
Oben: Florfliege (*Chrysopa carnea*, siehe S. 51)
Unten: Larve der Florfliege (*Chrysopa carnea*) beim Aussaugen einer Blattlaus (siehe S. 51)

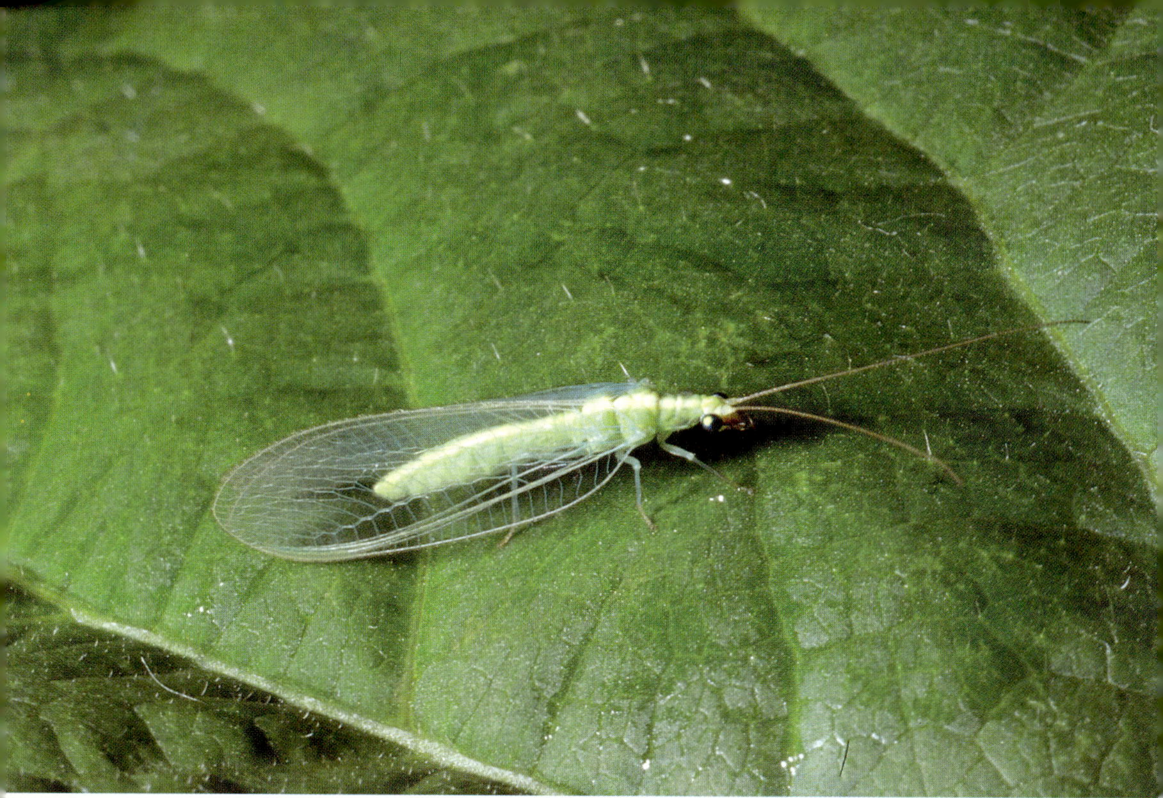

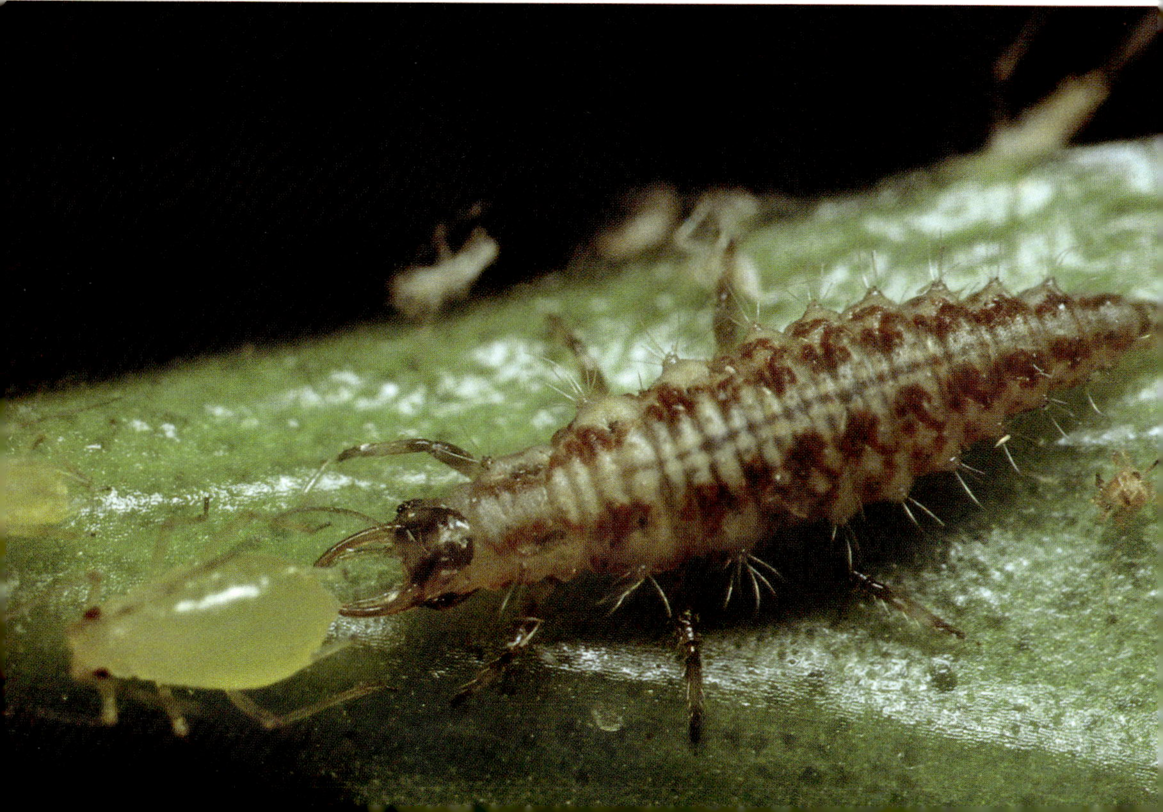

Naturgemäße Düngung

gilbung der Blätter, auch das Wachstum ist beeinträchtigt. Eine Überdüngung mit Stickstoff führt dazu, daß die Pflanzen zu stark ins Kraut schießen und kaum Früchte bilden. Das Pflanzengewebe ist dann dünnwandig, wasserreich und nicht standfest; die weichen Blätter weisen eine dunkel- bis blaugrüne Färbung auf, und die Haltbarkeit des Erntegutes ist stark herabgesetzt. Die Pflanzen sind anfällig gegen Schädlinge und Infektionen und häufig durch einen zu hohen Nitratgehalt unbekömmlich.

Phosphor ist wichtig für die Bildung von Blüten, Früchten und Samen und für den Aufbau der Zellsubstanz in Blättern und Stengeln. Phosphormangel ist daran zu erkennen, daß sich die älteren Blätter von dunkelgrün zu gelb, braun bis dunkelrot oder schwarz verfärben und schließlich absterben; Fruchtansatz und Wurzelbildung sind beeinträchtigt. Phosphorüberdüngung verursacht Wuchshemmungen, da die Pflanzen wichtige Spurenelemente nicht mehr aufnehmen können.

Kalium festigt das Zellgewebe und sorgt für kräftige Wurzeln und Knollen. Da Kalium in den Pflanzen die Wasserabgabe hemmt, sind diese besser vor Wassermangel bei Trockenheit und vor Frost geschützt. Früchte und Gemüse sind länger haltbar. Bei Kalimangel werden die Pflanzen schlaff, Blattränder und -spitzen verfärben sich braun und trocknen allmählich ein. Die Pflanzen sind anfällig gegen Pilzkrankheiten. Kaliüberdüngung kann die Versorgung mit Kalk und Magnesium beeinträchtigen

und dadurch ein mangelhaftes Wachstum zur Folge haben.

Kalk (Calcium) ist ein unentbehrlicher Baustein wichtiger pflanzlicher Inhaltsstoffe, er wirkt sich auf ein gesundes Wachstum der Wurzeln und Triebe aus. Auf seine Bedeutung für das Bodenleben und die Bodenstruktur wurde bereits hingewiesen. Kalkmangel behindert die Bewurzelung und das Wurzelwachstum der Pflanzen. In überkalkten Böden können wichtige Spurenelemente und Phosphor festgelegt werden.

Verfügbarkeit der Nährstoffe in Abhängigkeit vom pH-Wert

pH – Wert des Bodens

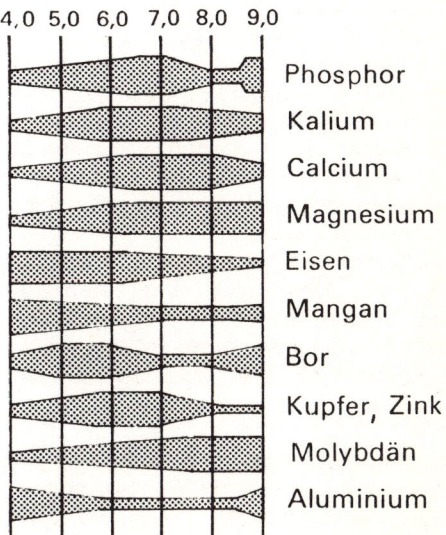

19

Boden und Erde

Magnesium ist ein zentraler Baustein des Blattgrüns (Chlorophyll) und aktiviert viele Stoffwechselvorgänge in den Pflanzen. Im Boden ist Magnesium wichtig für die Pflanzenverfügbarkeit von Phosphor. Magnesiummangel zeigt sich zunächst an den älteren Pflanzenteilen; die Blätter werden gelb, wobei die Blattadern dunkelgrün bleiben. Später bekommen die Blätter braune Ränder, trocknen allmählich ein und fallen ab. Auch die Wurzelbildung ist eingeschränkt.

Spurenelemente werden zwar von den Pflanzen nur in kleinsten Mengen aufgenommen, sind aber trotzdem lebensnotwendig. Eisen braucht die Pflanze für den Stoffwechsel und für die Bildung von Blattgrün. Bei Eisenmangel (vor allem in Böden mit zu hohem oder zu niedrigem pH-Wert) zeigen die Blätter eine gelbliche Färbung. Ähnlich wie bei Magnesiummangel treten auch hier die Blattadern grün hervor.

Bormangel (in trockenen Böden mit zu hohem pH-Wert) führt zu Wachstumsschäden; Sprossen und Wurzelspitzen können verfaulen.

Kupfermangel (häufig bei zu niedrigem pH-Wert) erkennt man daran, daß sich die Blattspitzen eindrehen und gelb werden. Bei Manganmangel (häufig bei zu hohem pH-Wert) werden Blätter fleckig, die Adern bleiben grün.

Molybdän ist lebenswichtig für stickstoffbindende Bakterien im Boden. Bei Mangel (nur bei zu niedrigem pH-Wert) zeigen sich Mißbildungen an den Blättern; ältere Blätter vergilben und trock-

nen vom Rand her ein, das Wachstum ist gestört.

Organische Düngemittel

Die Ernährung der Gewächshauspflanzen mit Kompost wird durch organische Düngemittel sinnvoll ergänzt. Neben den Wirtschaftsdüngern stehen dem Gärtner hier organische Handelsdünger zur Verfügung, die industriell aus pflanzlichen und tierischen Rohstoffen hergestellt werden.

Da die meisten organischen Dünger eine Mischung aus mehreren Nährstoffen enthalten, muß auf ihre »Betonung« geachtet werden: Hornspäne, Hornmehl, Blutmehl, Rizinusschrot und Brennesseljauche sind stickstoffbetonte Dünger, Knochenmehl, Geflügelmist und Guano enthalten viel Phosphor. Kalibetonte Dünger sind z.B. Beinwelljauche und Holzasche.

Hornspäne und Hornmehl werden aus Hufen und Hörnern hergestellt. Hornspäne zersetzen sich schwerer und wirken deshalb langsamer, jedoch nachhaltiger als Hornmehl. Beide enthalten neben viel Stickstoff auch Phosphor und Kalk.

Blutmehl ist ein schnell wirkender organischer Handelsdünger aus Schlachthofabfällen mit Stickstoff in organisch-gebundener Form und enthält zusätzlich Phosphor und Kali.

Knochenmehl, hergestellt durch Vermahlen von entfetteten und entleimten Knochen, ist ein organischer Phosphordünger mit Stickstoff- und Kalianteilen.

Naturgemäße Düngung

Getrockneter Rindermist ist reich an Kali und enthält zusätzlich Stickstoff und Phosphor und wird von Starkzehrern wie Tomaten und Gurken gut vertragen.

Frischer Rinder- und Pferdemist sollte zunächst kompostiert werden.

Schaf- und Ziegenmist sind ebenso nährstoffreich wie Rindermist, enthalten viel Stickstoff und sind so hitzig wie Pferdemist. Auch nach Kompostierung sollte man sie nur sehr dünn ausbringen.

Geflügelmist enthält sehr viel Phosphor und Stickstoff und sollte ebenfalls erst nach Kompostierung verwendet werden, da sonst Verbrennungen entstehen und das Bodenleben geschädigt wird.

Guano wurde früher nur aus den Exkrementen fleischfressender Seevögel hergestellt (Peru-Guano), seit einigen Jahren werden auch Fisch- und Fleischabfälle verwendet (Fisch-Guano). Guanodünger enthalten vor allem Phosphor, aber auch Stickstoff.

Rizinusschrot ist ein rein pflanzlicher Handelsdünger mit organisch gebundenem Stickstoff, der sehr langsam wirkt.

Holzasche ist reich an kohlensaurem Kali, enthält aber auch Phosphor, Kalk und Spurenelemente. Holzasche kann sowohl als feiner Staub in Saatrillen und Pflanzlöcher gestreut als auch – in Wasser gelöst – flüssig ausgebracht werden.

Algenmehl besteht aus lebend geernteten, dann getrockneten und gemahlenen Algen. Es enthält neben Stickstoff auch Kalium und verschiedene Spurenelemente.

Brennesseljauche fördert als flüssiger Stickstoffdünger sehr schnell das Pflanzenwachstum. Tomaten, Zucchini, Gurken, Sellerie, Lauch und alle Kohlarten vertragen Brennesseljauche besonders gut. Bohnen, Erbsen und alle Zwiebeln dagegen sollten keine Brennesseljauche erhalten.

Beinwell- oder Comfreyjauche enthält viel Stickstoff und Kali und kann vor allem bei Starkzehrern eingesetzt werden.

Neben organischen Einzelnährstoffdüngern (z.B. NITRALIT N, PFLANZEN-KALI) werden im Handel biologisch-organische Spezialdünger angeboten, die in ihrer Zusammensetzung auf die Bedürfnisse der verschiedenen Kulturen ausgerichtet sind. Als einziger biologisch-organischer Volldünger, der mit einer ausgewogenen Nährstoffzusammensetzung als Universaldünger für alle Kulturen im Gewächshaus geeignet ist und außerdem nützliche Bodenorganismen (Azotobacter-Bakterien) in getrockneter Form enthält, wäre BIO-GARTEN-AZET zu nennen.

Anbautips für Gemüse und Kräuter

Für den Anbau im Gewächshaus eignen sich nicht nur Paprika, Auberginen, Tomaten und Salatgurken, sondern ebenso viele Gemüsearten, die auch im Garten kultiviert werden können. Schon ein Kalthaus ermöglicht durch sein schützendes Kleinklima eine frühzeitige Aussaat und Pflanzung; Wachstum und Ernte fallen üppiger aus als im Freiland. Frostfrei gehaltene oder geheizte Gewächshäuser ermöglichen sogar den Anbau besonders wärmeliebender Pflanzen.

Neben zahlreichen Gemüsearten können im Gewächshaus Kräuter optimale Wachstumsbedingungen finden. Für den naturgemäßen Anbau unter Glas und Folie gelten prinzipiell die gleichen Grundsätze wie für den Anbau im Freiland. Dabei sollte beachtet werden, daß die höheren Temperaturen alle Umsetzungsprozesse im Boden und in den Pflanzen beschleunigen. Belüftung, Wasser- und Nährstoffversorgung sind ebenso auf die besonderen Bedürfnisse der Pflanzenarten abzustimmen wie Aussaattermine, Pflanzabstände und Keimtemperaturen. Von Bedeutung ist auch die Auswahl geeigneter Sorten.

Welche Arten und Sorten sind geeignet?

Die für den Gewächshausanbau geeigneten Gemüsearten sind in Tabelle 1 mit den wichtigsten Kulturbedingungen beschrieben. Da viele Pflanzenkrankheiten nicht direkt bekämpft werden können, sollte man bei der Sortenwahl darauf achten, ob resistente oder zumindest weniger anfällige Sorten verfügbar sind (s. Tabelle). Zudem sind nicht alle Sorten für das Gewächshaus geeignet.

Auch die Anzucht und Kultur von *Kräutern* ist im Gewächshaus sehr lohnend. Gerade Kräuterarten, die in ungünstigen Lagen oder kalten Sommern kein befriedigendes Wachstum zeigen, wie z.B. Basilikum oder Thymian, finden hier einen geschützten Platz. Die meisten Kräuter sollten auf einem besonderen Beet bzw. in Töpfen oder Balkonkästen kultiviert werden, da sie geringe Nährstoffansprüche und oft einen geringen Wasserbedarf haben. Die Mischkultur mit gut gedüngten Starkzehrern und die Beschattung durch größere Pflanzen wirken sich negativ auf die Qualität aus.

Basilikum kann häufig nur unter Glas gezogen werden. Eine Aussaat ist von Dezember bis Mai sinnvoll. Die Samen sollten nur angedrückt werden, da Basilikum ein Lichtkeimer ist. Der Wärmebedarf ist recht hoch, die Temperaturen

Kulturhinweise

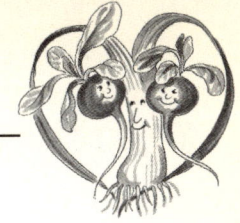

Kulturhinweise für den Gemüseanbau im Gewächshaus

Pflanzen-art	Aussaat	Keim-temperaturen	Pflanz-abstand	Klimatische Bedingungen	Nähr-stoffbedarf	Wasser-bedarf	Schädlinge	Krankheiten
Aubergine	Jan.–April	20°–25°C	60 x 60 cm	ab 25°C lüften; geringe Luftfeuchte; viel Frischluft	mäßig	hoch	Blattläuse bei geringer Luftfeuchte, Weiße Fliege, Spinnmilben	Grauschimmel bei hoher Luftfeuchte
Buschbohne	Anf. März–Ende Juni	18°–25°C	40 x 40 cm	ab 25°C lüften, viel Frischluft und Luftbewegung, untere Temperatur 12°C, kurzfristig auch darunter	gering	ab Beginn der Blütezeit reichlich gießen	Schwarze Bohnenläuse, Spinnmilben	Rost, Grauschimmel bei zu hoher Luftfeuchte
Chinakohl	Ende Jan.–Mitte Aug.	15°–20°C	30 x 30 cm	Jungpflanzenanzucht bei 20°C, dann keine Schosserbildung im Sommer	mäßig	mäßig gießen, regelmäßig	Erdflöhe bei zu trockener Kultur, Kohlweißlinge	–
Endivien	Mitte Juni–Anf. Aug.	10°–20°C	30 x 30 cm	geringe Temperaturansprüche; frosthart bis –4°C; immer gut lüften	mäßig (wie Kopfsalat)	hoch, aber keine Staunässe	–	–

Fortsetzung

Pflanzen-art	Aussaat	Keim-tempera-turen	Pflanz-abstand	Klimati-sche Be-dingun-gen	Nähr-stoffbe-darf	Wasser-bedarf	Schäd-linge	Krank-heiten
Feldsalat	August–Anf. Oktober	10°–20°C	breitwür-fig 2 g/m² oder Reihen-abstand 10–12 cm	lüften ab 18°C; viel frische Luft; frosthart	gering	hoch bei Kei-mung, danach vorsich-tig gie-ßen	–	Falscher Mehltau bei zu dichtem Stand und ho-her Luft-feuchte
Gurken	Ende Febr.–Juni	20°–25°C	100 x 40 cm	am Tag mind. 16°C, lüften ab 25°C; nachts mind. 10°C; ho-he Luft-feuchte; Schattie-rung über Mit-tagsstun-den	hoch	hoch	Spinn-milben, Weiße Fliegen, Blattläu-se	Gurken-welke, Echter Mehltau, Grau-schim-mel
Knollen-fenchel	ältere Sorten: Mitte Juni–Au-gust, neuere Sorten: Ende Fe-bruar–Juli	15°–20°C	30 x 40 cm	siehe Kohlrabi	mäßig	hoch	Blattläu-se	–
Kohlrabi	Jan.–Ende Juni	12°–20°C	25 x 25 cm	geringe Tempe-raturan-sprüche; ideal 15°–22°C; lüften ab 20°C	mäßig	mittel, regel-mäßig gießen	Blattläu-se	–

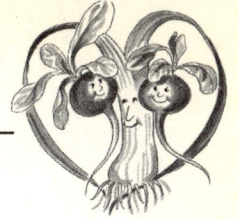

Fortsetzung

Pflanzen-art	Aussaat	Keim-tempera-turen	Pflanz-abstand	Klimati-sche Be-dingun-gen	Nähr-stoffbe-darf	Wasser-bedarf	Schäd-linge	Krank-heiten
Lauch	Okt.–März	15°–20°C	15 x 25 cm	lüften ab 20°–23°C; nicht frost-empfind-lich	hoch	hoch, gleich-mäßige Feuchte	–	–
Melonen	Ende März–Ende April	22°–30°C	80 x 80 cm	Nacht-tempera-tur nicht unter 12°C; hö-here An-sprüche als Gur-ken	hoch	hoch	Spinn-milben, Weiße Fliegen, Blattläu-se	Echter Mehltau, Welke bei zu niedriger Boden-tempera-tur
Paprika	Febr.–April	18°–25°C	40 x 40 cm	optimal 23°–25°C; lüf-ten ab 25°C; Nacht-tempera-tur nicht unter 15°C	hoch	hoch, gleich-mäßige Feuchte	Spinn-milben, Blattläu-se (Wei-ße Flie-gen)	Grau-schim-mel bei zu hoher Luft-feuchte
Radies-chen	Sept.–März	5°–20°C	5 x 5–10 cm	12°–18°C zu Be-ginn der Kultur; später mind. 10°C; gut lüften	gering	zu Be-ginn ge-ring, gleichm. Feuchte	Erdflöhe, Blattläu-se	–
Rettich	Jan.–März, Sept.	16°–20°C	25 x 25 cm	opt. 20°C	gering	siehe Ra-dieschen	siehe Ra-dieschen	Rettich-schwärze

Gemüse und Kräuter

Fortsetzung

Pflanzen-art	Aussaat	Keim-tempera-turen	Pflanz-abstand	Klimati-sche Be-dingun-gen	Nähr-stoffbe-darf	Wasser-bedarf	Schäd-linge	Krank-heiten
Salat	Ende Aug.–Anf. April	5°–16°C	Kopf-S.: 25 x 25 cm, Schnitt-S.: Rei-henab-stand 15 cm, Pflück-S.: Reihen-abstand 25 cm	opt. 15°–20°C, reichlich lüften; unter 10°C deutl. langsa-meres Wachs-tum	gering	gering, stets feuchten Boden	Blattläu-se	Grau-schim-mel, Fal-scher Mehltau bei zu ho-her Luft-feuchte
Spinat	Okt.–März	10°–15°C	Reihen-abstand 25 cm	6°–8°C ausrei-chend; lüften ab 20°C	schwach	gering, gleich-mäßige Feuchte		Falscher Mehltau
Stangen-bohne	März–Mai	20°–25°C	50 x 50 cm	etwas wärme-bedürfti-ger als Busch-bohnen	gering, Stick-stoff-sammler	hoch, reichlich gießen bei zu-nehmen-dem Wachs-tum	Spinn-milben, Weiße Fliegen gegen Ende der Kultur	–
Tomate	Jan.–En-de Juni; opt. Anf.–Mitte März	20°–25°C	50 x 80 cm	tags lüf-ten ab 23°C; opt. 20°–25°C; nachts mind. 10°C; ge-ringe Luft-feuchte; viel Frischluft	hoch	hoch, gleichm. Versor-gung	Weiße Fliegen, Blattläu-se	Grau-schim-mel, Kraut- und Braun-fäule

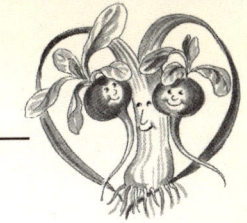

Kulturhinweise

Gemüsesorten für den Anbau im Gewächshaus

Pflanze	Resistenzen und andere Eigenschaften	Sorten
Bohne, Busch-	resistent gegen Brennfleckenkrankheit	*grünhülsig:* 'Almere', 'Aurora', 'Brilliant', 'Fanion', 'Flo', 'Forum', 'Fran', 'Frigor', 'Grofty', 'Irina', 'Labrador', 'Mirage', 'Pros', 'Rondina', 'Rovita', 'Solares' *gelbhülsig:* 'Arabesk', 'Maxidor', 'Minidor'
	gering anfällig für Gewöhnliches Bohnenmosaik und Fettfleckenkrankheit	*grünhülsig:* 'Almere', 'Dubra', 'Duplika', 'Forum', 'Mirage', 'Pfälzer Juni', 'Valja' *gelbhülsig:* 'Minidor'
–, Stangen-	resistent gegen Brennfleckenkrankheit	'Fidel', 'Marga', 'Precores'
	gering anfällig für Gewöhnliches Bohnenmosaik	'Cidron', 'Fidel', 'Fortissima', 'Hawo', 'Hilda', 'Marga', 'Markant', 'Meicy', 'Perle von Marbach', 'Precores', 'Rapid', 'Trebona'
Feldsalat	resistent gegen Echten Mehltau	'Elan', 'Vit'
Gurken, Salat-	resistent gegen Echten Mehltau	'Alcor', 'Bella', 'Santo'
–, Einlege-	resistent gegen Echten Mehltau	*vorwiegend weiblich blühend:* 'Elena', 'Elon', 'Ilonca', 'Imago', 'Lizzard', 'Medusa', 'Naf' (= 'Fanto'), 'Olympia', 'Osiris', 'Smaragd' *rein weiblich blühend:* 'Bellinda', 'Christine', 'Colet', 'Melani', 'Parmel', 'Pantheon', 'Passion', 'Wilma'
Kohlrabi	speziell für Anbau unter Glas	*weiße Sorten:* 'Bocal', 'Dynamo', 'Express', 'Forcer', 'Flott', 'Folio', 'Foran', 'Primafix', 'Primalux', 'Quickstar', 'Rhein' *blaue Sorten:* 'Azur-Star', 'Blue-Force', 'Roblau'
Lauch	speziell für Anbau unter Glas	'Genita', 'Hilari'
Paprika	resistent gegen Tabakmosaikvirus	'California Wonder', 'Bell Boy', 'Yolo Wonder B'
Radieschen	speziell für Anbau unter Glas	'Boy', 'Briljant', 'Cyros', 'Diana', 'Durabel', 'Eterna', 'Fanal', 'Filu', 'Frühwunder', 'Hawo Alpha', 'Helro', 'Hilmar', 'Juwabel', 'Juwahit',

Gemüse und Kräuter

Fortsetzung

Pflanze	Resistenzen und andere Eigenschaften	Sorten
Rettich	speziell für Anbau unter Glas	'Juwasprint', 'Karissima', 'Knacker', 'Marabelle', 'Matter', 'Neckarperle', 'Oscar', 'Prismo', 'Pulsar', 'Rodos', 'Roky', 'Rondor', 'Ronde Rode Broei', 'Saxa', 'Topsi'
		'Aspro', 'Fetzer's Maindreieck', 'Fridolin weiß', 'Hilds roter Neckarruhm', Münchner weißer Treib und Setz', 'Neckarruhm weiß', 'Ostergruß rosa', 'Rex', 'Rolan', 'Salvator', 'Unus Treib'
Salat, Kopf-	resistent gegen Falschen Mehltau	'Amy', 'Aramir', 'Claret', 'Diamant', 'Juliet', 'Katanya', 'Marcia', 'Nanda', 'Norden', 'Riant'
–, Eis-	resistent gegen Falschen Mehltau	'Cavalier', 'Cavallona', 'Fortessa', 'Marbello'
Spinat	resistent gegen Falschen Mehltau	'Attica', 'Caballero', 'Carpo', 'Correnta', 'Hattrick', 'Hermes', 'Pavana', 'Polka', 'Solar', 'Spanda', 'Spark', 'Spartacus', 'Sprint', 'Sputnik', 'Triade', 'Triathlon', 'Tiplet', 'Trisolde', 'Tristar', 'Valeta'
Tomate	resistent gegen Samtfleckenkrankheit, Tomatenwelke, Fusarium und Tomatenmosaikvirus	*runde Tomaten:* 'Abunda', 'Counter', 'Creon', 'Estafette', 'Estrella', 'Marathon', 'Turbo' *Fleischtomaten:* 'Amfora', 'Vision'
	resistent gegen Samtfleckenkrankheit, Fusarium und Tomatenmosaikvirus	*runde Tomaten:* 'Curabel', 'Eminento', 'Mondial', 'Rianto', 'Sonatine', 'Wilset'
	resistent gegen Tomatenwelke, Fusarium, Tomatenmosaikvirus und Nematoden	*runde Tomaten:* 'Dario'

sollten nicht unter 10° C absinken. Es hat sich bewährt, die Jungpflanzen büschelweise im Abstand von 20 x 20 cm auszupflanzen.

Die Anzucht von *Bohnenkraut* ist ab Dezember möglich. Die Samen sollten nur angedrückt werden. Da Bohnenkraut viel Platz benötigt, ist ein Auspflan-

zen auf 25 x 25 cm Abstand erforderlich. Eine Mischkultur mit Bohnen, Salat oder Knollenfenchel ist empfehlenswert. Ein Verpflanzen des *Borretsch* ist nur schlecht möglich, daher sollte eine Direktsaat in Reihen mit ca. 25 cm Abstand erfolgen. Die Aussaat ist ab Januar möglich. Borretsch zählt zu den

Kulturhinweise

wenigen Kräutern mit hohem Wasser- und Nährstoffbedarf. Ein nahrhafter Boden und eine Düngung mit Brennesseljauche bekommen ihm gut. Borretsch kann zusammen mit Kohlrabi und anderen Kohlgewächsen angebaut werden, wobei auf ausreichenden Abstand zu achten ist. Die blauen Blüten des Borretsch locken Bienen, Hummeln und Schwebfliegen ins Gewächshaus, die z.B. für eine gute Bestäubung der Tomatenblüten sorgen.

Dill ist frostempfindlich und sollte nicht vor Januar ausgesät werden. Eine Aussaat in Reihen mit 15–20 cm Abstand oder die Mischkultur mit Gurken, Kohlgewächsen und Salat ist vorteilhaft.

Estragon wird häufig im zeitigen Frühjahr im Gewächshaus ausgesät und ab Mitte Mai ins Freiland verpflanzt. Eine Kultur nur im Gewächshaus ist aber ebenfalls möglich. Die jungen Setzlinge sollten auf einen Abstand von 30 x 40 cm vereinzelt werden.

Von Dezember bis Mai kann der *Kerbel* ausgesät werden. Es empfiehlt sich eine Reihensaat mit 15 cm Reihenabstand. Kerbel wächst auch in leichtem Schatten und ist nicht frostempfindlich.

Die Aussaat der vitaminreichen *Kresse* sollte in Töpfen oder Kästen erfolgen (außer zur Gründüngung). Eine Aussaat in wöchentlichen Abständen ermöglicht eine ständige Ernte im Frühjahr.

Lavendel findet seinen Platz auf dem nährstoffarmen Kräuterbeet oder wird nach der Voranzucht (ab Januar) ab Mitte Mai ins Freiland verpflanzt. Lavendel liebt leicht kalkhaltigen Boden.

Die Kultur von *Majoran* gelingt am besten im Gewächshaus. Auch er liebt nährstoffarme Böden und kann ab Januar im geheizten Gewächshaus ausgesät werden. Majoran ist ein Lichtkeimer, daher sollten die Samen nur angedrückt werden.

Eine Aussaat von *Petersilie* ist von Januar bis August möglich. Ein Reihenabstand von 25–30 cm ist empfehlenswert, wobei der Standort von Jahr zu Jahr gewechselt werden sollte. Eine Mischkultur mit Tomaten, Lauch oder Radieschen ist möglich.

Rosmarin kann ab Januar ausgesät oder im August aus Stecklingen gezogen werden. Ein Abstand von 30 x 50 cm ist erforderlich. Rosmarin verträgt nur leichten Frost.

Salbei liebt durchlässigen, kalkhaltigen Boden und kann ab Januar ausgesät werden.

Schnittlauch kann ab Januar angezogen werden. Die Jungpflanzen sollten im Abstand von 25 x 15 cm büschelweise ausgepflanzt werden. Schnittlauch liebt nahrhaften Boden und sollte gelegentlich mit Brennesseljauche gedüngt werden.

Thymian sollte ab Februar oder März direkt in Töpfe ausgesät werden, da er das Verpflanzen schlecht verträgt. Die ganzjährige Kultur im Gewächshaus ist sinnvoll, da Thymian einen hohen Wärmeanspruch hat. Leicht kalkhaltiger Boden ist für Thymian vorteilhaft.

Gemüse und Kräuter

Mischkultur und Fruchtwechsel

Mischkulturen tragen zum Wohlbefinden der Pflanzen bei. Hier werden verschiedene Pflanzenarten mit unterschiedlichen Bedürfnissen und wechselnder Reifezeit auf einem Beet zusammen angebaut. Dadurch ergibt sich ein ständiges Ineinanderschieben von Vor-, Zwischen- und Nachkulturen. Auf dem gleichen Beet wachsen also Stark- und Schwachzehrer sowie Flach- und Tiefwurzler. Sobald eine Pflanzenart abgeerntet ist, wird eine neue eingesät oder angepflanzt. Dadurch erreicht man, daß der Boden fast immer bedeckt ist und dadurch einen wirksamen Schutz vor Austrocknung und starken Temperaturschwankungen bekommt. Auch Unkraut wird unterdrückt. So entsteht ein für die vielfältigen Bodenlebewesen äußerst günstiges Mikroklima an der Bodenoberfläche, die sog. Schattengare. Außerdem fördern sich viele Pflanzenarten gegenseitig im Wachstum und schützen einander vor Krankheiten und Schädlingen (s. Tabelle S. 31).

Pflanzen nehmen nicht nur Stoffe aus dem Boden auf, sie scheiden auch selbst durch die Wurzeln Stoffe ab, die sich im Boden anreichern, wenn über längere Zeit die gleichen Gewächse am gleichen Platz stehen. Der *Fruchtwechsel* gehört daher auch im Gewächshaus zu den wichtigsten Kulturmaßnahmen, um Pflanzen gesund zu erhalten. Fruchtwechsel ist auch ein Mittel, der Verbreitung pflanzenspezifischer Krankheiten und Schädlinge entgegenzuwirken. Dazu gehören z.B. Kohlhernie, Kraut- und Braunfäule an Tomate, Falscher Mehltau an Kohl, Spinat und Salat, Bohnenrost, Brennfleckenkrankheit und Fettfleckenkrankheit an Bohnen und Nematoden an Tomaten.

Bei der Aufstellung eines Fruchtwechselplanes im Gewächshaus sollten die unterschiedlichen Nährstoffansprüche der Pflanzenarten berücksichtigt werden. So werden die Gemüsepflanzen in Stark-, Mittel- und Schwachzehrer unterteilt. Gemüsepflanzen mit viel Blattmasse verbrauchen z.B. mehr Stickstoff als Wurzelgemüse, das beim Wachstum einen größeren Phosphorbedarf hat. Hülsenfrüchte, wie z.B. Bohnen, haben die Eigenschaft, den Boden mit Stickstoff anzureichern. Vor der Aussaat oder Pflanzung von Mittelzehrern reicht häufig eine Gründüngung aus, und Schwachzehrer erbringen bereits bei kleinen Kompostgaben eine befriedigende Ernte. In einem Fruchtwechsel sollten daher stets Stark-, Mittel- und Schwachzehrer im Wechsel angebaut werden. Zwischen den einzelnen Kulturen ist jederzeit auch eine Gründüngung möglich.

Mischkultur

Mischkulturpartner im Gewächshaus

	Auberginen	Buschbohnen	Chinakohl	Endivien	Feldsalat	Fenchel	Gurken	Kohl	Kohlrabi	Lauch	Melonen	Paprika	Radieschen	Rettich	Salat	Spinat	Stangenbohnen	Tomaten
Auberginen												O						O
Buschbohnen				X		O	X	X	X	O		O	X	X	X	X	O	X
Chinakohl		X						O	O	O			O	O	X		X	
Endivien		X				X		X	X	X			X	X		X		X
Feldsalat						X		X	X	X			X			X		X
Fenchel		O		X	X		X	X	X						X	X	O	O
Gurken		X				X		X	X	X		X	O	O	X	X	X	O
Kohl		X	O	X	X	X	X		O	X	X		X	X	X	X	X	X
Kohlrabi		X	O	X	X	X	X			X			X	X	X	X	X	X
Lauch		O	O	X	X		X	X	X				X	X	X	X	O	X
Melonen							X						X	X	X			
Paprika	O	O					X		X									X
Radieschen		X	O	X	X		O	X	X	X	X				X	X	X	X
Rettich		X	O	X			O	X	X	X	X				X	X	X	X
Salat		X	X			X	X	X	X	X	X		X	X		X	X	X
Spinat		X	X		X	X	X	X	X	X			X	X	X		X	X
Stangenbohnen		O		X	X	O	X	X	X	O			X	X	X	X		X
Tomaten	O	X		X		O	X	X	X			X	X	X	X	X	X	

✕ = Gut geeignet für Mischkultur		O = Nicht geeignet für Mischkultur

☐ = Es liegen keine Erfahrungen vor, bzw. die Mischkultur hat keine positiven oder negativen Einflüsse bewirkt.

Nährstoffansprüche von Gemüse und Kräutern	
Starkzehrer	Auberginen Gurken Lauch Tomaten
Mittelzehrer	Chinakohl Endivien Knollenfenchel Kohlrabi Melonen Paprika Radieschen Rettich Salat Petersilie Schnittlauch
Schwachzehrer	Busch- und Stangenbohnen Feldsalat Kräuter Spinat

Förderung der Pflanzengesundheit

Auch im Gewächshaus sind kräftige, gesunde Pflanzen weniger anfällig gegenüber Schaderregern. Die vorbeugende Anwendung geeigneter Pflanzenhilfs- und Stärkungsmittel ist eine wichtige Maßnahme des prophylaktischen Pflanzenschutzes im naturgemäßen Gartenbau. Wachstum und Entwicklung der Gewächshauspflanzen können durch geeignete Pflanzenextrakte und Kräuterpräparate gefördert werden. Wer die Mühe nicht scheut, kann sich aus verschiedenen Pflanzen entsprechende Extrakte und Auszüge selbst herstellen. Auch im Gartenfachhandel sind eine Reihe geeigneter Präparate erhältlich.

Pflanzenextrakte und Kräuterpräparate selbst hergestellt

Brühen, Jauchen und Tees von verschiedenen Kräutern werden von alters her im naturgemäßen Gartenbau zur

Pflanzenstärkung und zur Abwehr von Krankheiten und Schädlingen genutzt. Allerdings sind die Erfahrungen und Erfolge mit diesen Mitteln sehr unterschiedlich. Ihre Wirksamkeit ist von verschiedenen Faktoren abhängig, die wissenschaftlich weitgehend noch nicht untersucht wurden. Es wird angenommen, daß die Präparate die Widerstandskraft der behandelten Pflanzen durch die Stärkung des Zellgewebes erhöhen. Einige Kräuter enthalten abweisende oder abtötende Substanzen für Bakterien, Pilze und Insekten. Bei den nachfolgend vorgestellten Brühen, Jauchen und Tees sollte beachtet werden, daß diese nur vorbeugend zur Stärkung der Pflanzen anzuwenden sind, nicht aber als Pflanzenschutzmittel nach Auftreten von Krankheiten oder Schädlingen. Bei der Herstellung von Brühen und Jauchen sollten grundsätzlich keine Metallgefäße verwendet werden, Holz- und Kunststoffbehälter sind dafür besser geeignet.

Ackerschachtelhalm

Der Ackerschachtelhalm *(Equisetum arvense)* wächst gerne auf feuchten, lehmigen Sandböden, gelegentlich ist er im Garten zu finden, dort wird er jedoch nicht gerne gesehen. Der wichtigste Inhaltsstoff ist die Kieselsäure; enthalten sind aber auch andere Säuren, Saponine und Bitterstoffe. Für Schachtelhalmpräparate werden nur die 10–50 cm hohen, quirlig verzweigten, grünen Sommertriebe ohne Wurzeln verwendet.

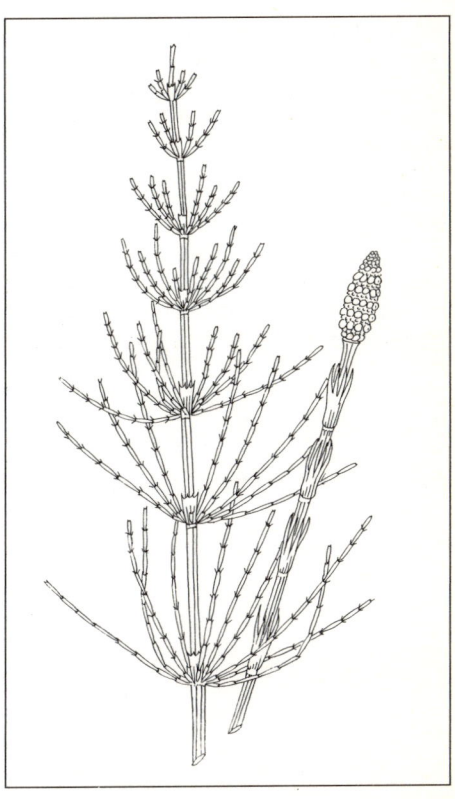

Ackerschachtelhalm, *Equisetum arvense* (rechts Frühjahrs-, links Sommertrieb)

Günstigste Sammelzeit ist von Mai bis August.
Anwendung: Schachtelhalmbrühe wirkt vorbeugend gegen Pilzerkrankungen wie z.B. Echten Mehltau. Zur Herstellung wird der Schachtelhalm längere

Zeit eingeweicht und dann für eine halbe Stunde gekocht. Etwa 1 kg frischer Schachtelhalm oder 200 g getrocknetes Kraut genügen für 10 l Wasser. Das entstandene Konzentrat muß noch 1:5 mit Wasser verdünnt werden. Das Präparat wird bei Sonnenschein am Vormittag ausgebracht. Sowohl Pflanzen als auch Boden sollten behandelt werden. Es hat sich bewährt, die Schachtelhalmbrühe in regelmäßigen Abständen alle zwei Wochen schon ab dem zeitigen Frühjahr zu spritzen.

Gemeiner Baldrian

Der Gemeine Baldrian *(Valeriana officinalis)* ist häufig an feuchten Standorten

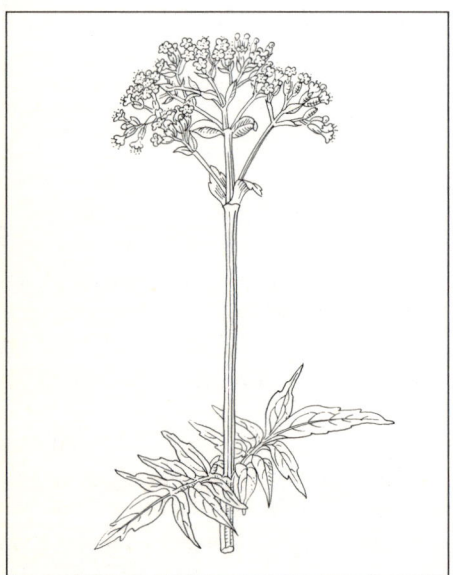

zu finden. In der Medizin finden Extrakte aus der Baldrianwurzel Verwendung. Inhaltsstoffe sind verschiedene Alkaloide, ätherische Öle, Valepotriate, Valerensäure und Valeriansäure. Der Gärtner verwendet allerdings nur die Blüten, über deren Inhaltsstoffe wenig bekannt ist.

Anwendung: Baldrianblütenextrakt bewirkt eine Stärkung der Abwehrkräfte und fördert die Blüten- und Fruchtbildung. Zur Herstellung des Extraktes werden die Blüten mit etwas Wasser zu einem Brei zerkleinert. Der Brei wird durch ein Tuch gepreßt. Der gewonnene Extrakt kann in dunklen Glasgefäßen über längere Zeit aufbewahrt werden. Der Gebrauch des Baldrianextraktes ist sehr sparsam; man benötigt nur einen Tropfen auf 1 Liter Wasser.

Gemeiner Beinwell (Comfrey)

Gemeiner Beinwell *(Symphytum officinale)* ist auf feuchten Wiesen, an Gräben und Bachufern anzutreffen. Er kann

Links: Gemeiner Baldrian, *Valeriana officinalis*

Seite 35:
Oben links: Schlupf- bzw. Erzwespe *(Encarsia formosa,* siehe S. 54)
Oben rechts: Larven der Weißen Fliege *(Trialeurodes vaporariorum)*; obere Larve (schwarz) ist von der Erzwespe parasitiert (siehe S. 54)
Unten: Raubmilbe *(Phytoseiulus persimilis)* beim Aussaugen einer Spinnmilbe (siehe S. 57 f.)

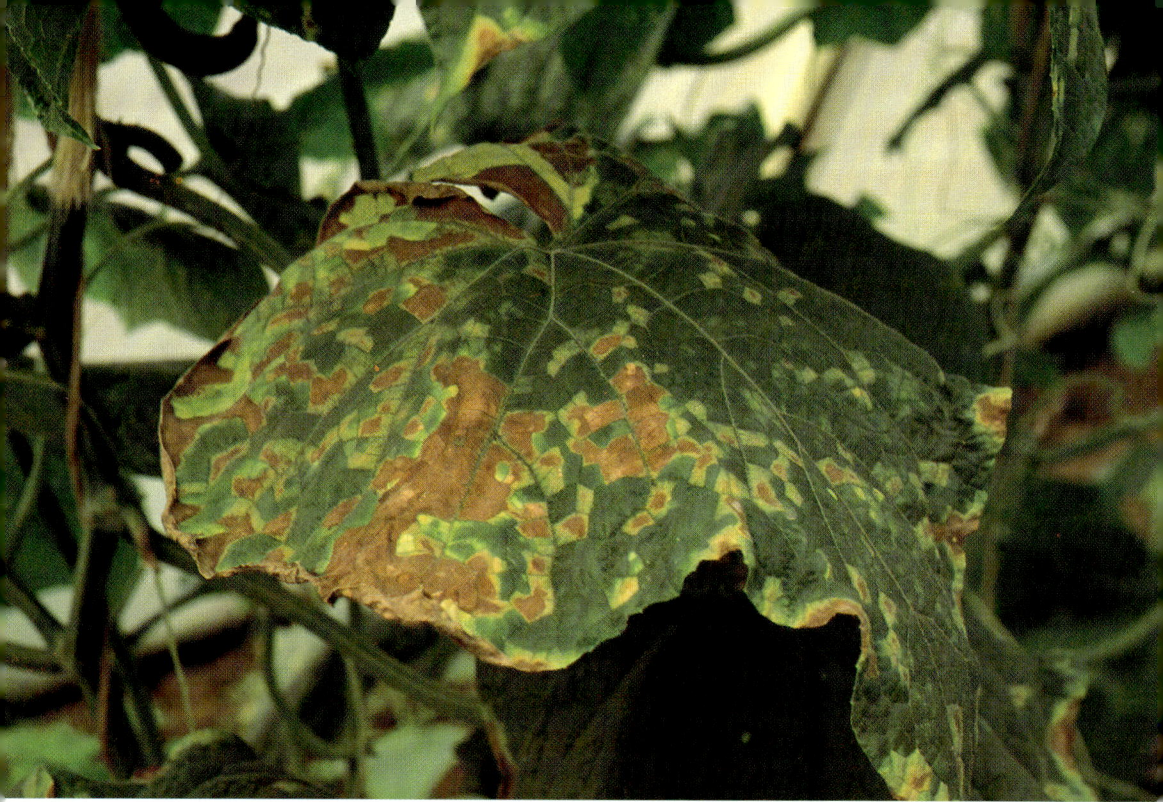

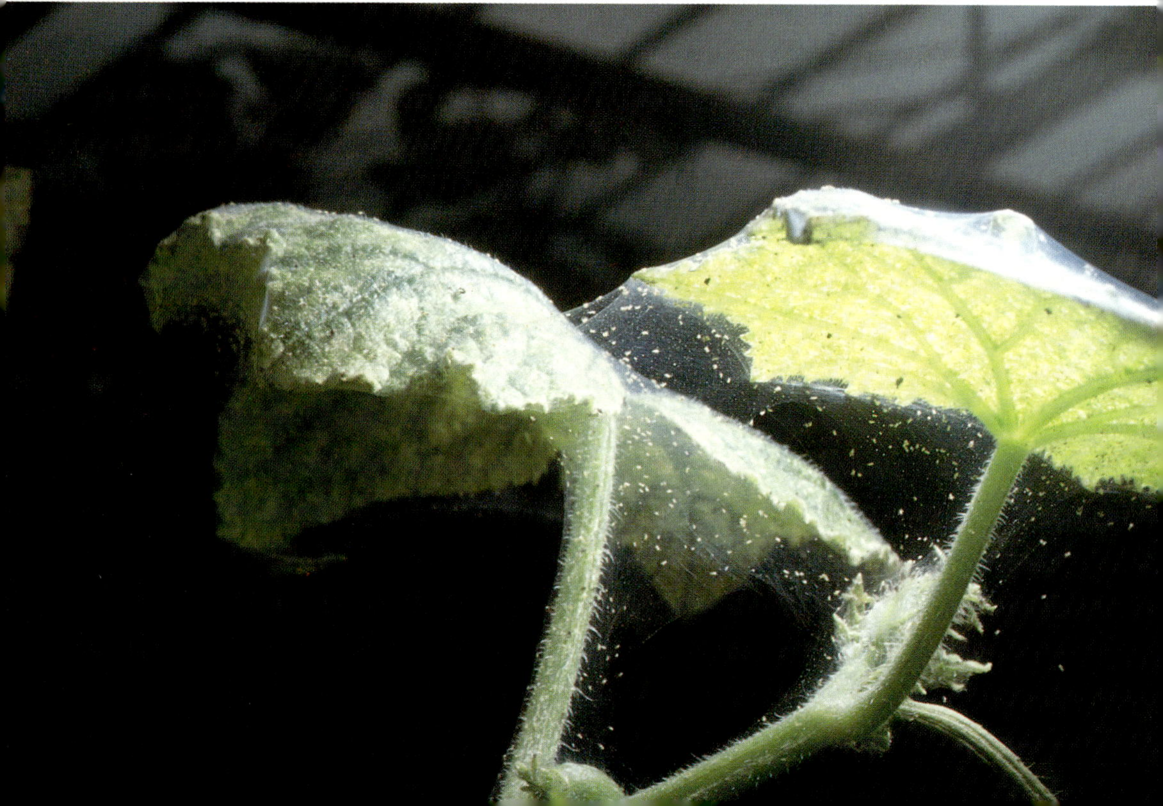

aber auch gut im Garten kultiviert werden. Inhaltsstoffe sind Gerbstoffe, Alkaloide, Schleimstoffe und Cholin. Zudem ist Beinwell reich an Stickstoff und Kali.
Anwendung: Beinwelljauche kann als gesundheitsstärkender Flüssigdünger verwendet werden. Für die Herstellung einer Beinwelljauche finden nur die oberirdischen Pflanzenteile Verwendung. Kraut und Stengel werden in kleine Stücke zerschnitten und in einer Tonne eingeweicht. Etwa 1 kg Beinwell genügt für 10 l Wasser. Nach etwa zwei Wochen ist die Jauche fertig vergoren, zu erkennen an der klaren Farbe und den abgesetzten Pflanzenteilen. Die Jauche wird vor Gebrauch 1:20 mit Wasser verdünnt und auf die Blätter gespritzt.

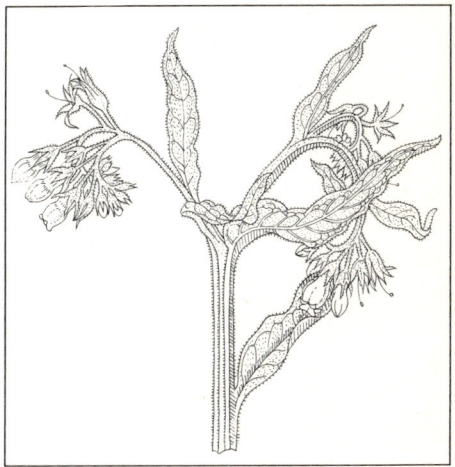

Gemeiner Beinwell, _Symphytum officinale_

Brennessel

Brennesselpflanzen (_Urtica_ spp.) lieben stickstoffreiche, humose Böden. Wertgebende Inhaltsstoffe sind Ameisen-, Essig- und Zitronensäure, Kalium und Stickstoff sowie Spurenelemente.
Anwendung: Brennesseljauche stärkt allgemein die Pflanzengesundheit. Zur Herstellung einer Jauche werden lediglich die oberirdischen Pflanzenteile verwendet. Nur Brennesselpflanzen, die noch keine Samen angesetzt haben, kommen in die Jauchetonne. Auf 10 l Wasser werden 1 kg frische oder 200 g getrocknete Brennesseln benötigt. Das kleingeschnittene Pflanzenmaterial vergärt innerhalb von zwei Wochen. Die geklärte Jauche kann als Flüssigdünger (1:10 mit Wasser verdünnt) zur Vitalisie-

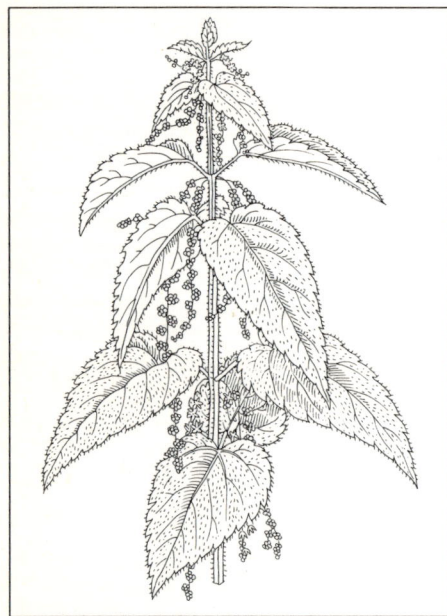

Große Brennessel, *Urtica dioica*

rung schwacher Pflanzen oder als Blatt-
dünger (1:20 mit Wasser verdünnt) Verwendung finden.

Echte Kamille

Echte Kamille *(Chamomilla recutita)*
liebt sonnige Standorte auf Getreidefel-
dern, Brachflächen und an Wegrändern.
Wichtige Inhaltsstoffe sind ätherische
Öle, Azulen, Flavone, Bitterstoffe und
Cumarinderivate.
Anwendung: Kamille unterstützt die
Pflanzengesundheit und schützt auf-
grund ihrer antibakteriellen Wirksam-

keit vor Wurzelkrankheiten und Fäulnis.
Zur Herstellung eines Auszugs werden
Kamillenblüten für einen Tag in lauwar-
mem Wasser eingeweicht. Je Liter Wasser ist eine Handvoll Kamillenblüten
erforderlich. Das abgesiebte Präparat
wird 1:5 mit Wasser verdünnt und über
Pflanzen und Boden gespritzt.

Garten-Ringelblume

Ringelblumen *(Calendula officinalis)*
sind selten in der freien Natur zu finden.
Ein günstiger Platz für den Anbau ist ein

Echte Kamille, *Chamomilla recutita*

Pflanzenextrakte

Garten-Ringelblume, *Calendula officinalis*

sonniges Eckchen im Garten. Starke Sonneneinstrahlung erhöht den Anteil an ätherischen Ölen; weitere Inhaltsstoffe sind Saponine, Harze, Calendulin sowie Apfel- und Salicylsäure.

Anwendung: Ringelblumenjauche erhöht die Widerstandskräfte der Pflanzen. Zur Herstellung der Jauche werden alle oberirdischen Pflanzenteile – Stengel, Blätter und Blüten – verwendet (Herstellung der Jauche siehe Beinwell). Die Jauche wird 1:10 mit Wasser verdünnt und über die Pflanzen gesprüht.

Knoblauch, *Allium sativum* (rechts einzelne Zehe)

Knoblauch

Knoblauch *(Allium sativum)* muß im Garten kultiviert werden, da er bei uns in der freien Landschaft nicht zu finden ist. Die Knoblauchzwiebel enthält ätherische Öle, Allicin und Jod. Ein sonniger Standort erhöht die Menge dieser Inhaltsstoffe.

Anwendung: Knoblauch hat aufgrund seines Gehaltes an Allicin antibiotische Eigenschaften. Es stärkt die Pflanzen gegenüber Pilzerkrankungen und hemmt die Ausbreitung von Pilzinfektio-

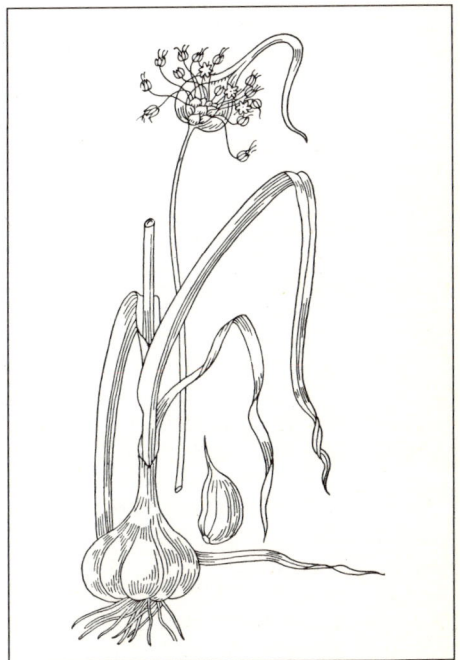

nen. Zur Herstellung eines Tees werden zerkleinerte Zehen mit heißem Wasser überbrüht. Nachdem der Tee abgekühlt ist (24 Stunden), wird er abgesiebt, im Verhältnis 1:3 mit Wasser verdünnt und über die Pflanzen gespritzt. Auch eine Jauche aus 500 g zerkleinerten Knoblauchzehen auf 10 l Wasser unterstützt die Pflanzen in ihrer Widerstandskraft. Die Jauche wird 1:10 verdünnt und über den Boden gegossen.

Speisezwiebeln

Speisezwiebeln (*Allium cepa*) können im Freiland an wenig gedüngten, sonnigen und trockenen Standorten gefunden werden. Üblicherweise verwendet man aber die im Garten kultivierten Zwiebeln. Wertgebende Inhaltsstoffe sind schwefelhaltige ätherische Öle und Flavonglykoside.

Speisezwiebel, *Allium cepa*

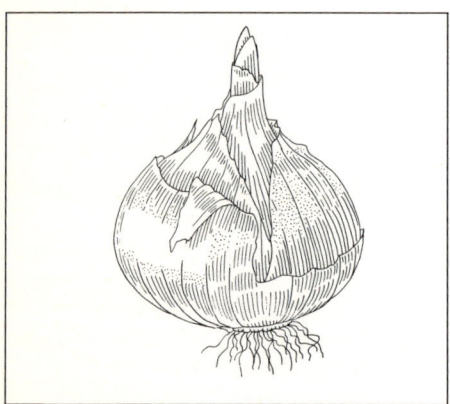

Anwendung: Zwiebeln haben wie Knoblauch desinfizierende Eigenschaften. Ein Zwiebeltee beugt Pilzerkrankungen vor. 75 g Zwiebeln werden mit 10 l kochendem Wasser übergossen und nach dem Abkühlen unverdünnt über die Pflanzen gespritzt. Eine Zwiebeljauche stärkt die Pflanzen in ihrer Widerstandskraft. Auf 10 Liter Wasser kommen 0,5 kg zerkleinerte Zwiebeln. Zwiebellaub kann ebenfalls verwendet werden. Nach ca. zwei Wochen kann die vergorene Jauche 1:10 mit Wasser verdünnt auf die Pflanzen und den Boden gespritzt werden.

Pflanzenhilfs- und -stärkungsmittel aus dem Fachhandel

Handelspräparate, die der Förderung der Pflanzengesundheit dienen, haben gegenüber selbst hergestellten Mitteln einige Vorteile: Sie sind bei Bedarf schneller verfügbar, durch ihre gleichbleibende Qualität sind sie in ihrer Wirkung zuverlässiger, zudem ist ihre Anwendung einfacher. Viele dieser Mittel weisen eine Kombination mehrerer Inhaltsstoffe auf, die in ihrer Zusammensetzung und Wirksamkeit auf einen ganz bestimmten Verwendungszweck ausgerichtet sind.

Die im Handel erhältlichen *Pflanzenhilfsstoffe* unterliegen einer Kennzeichnungspflicht, die der Eigenart dieser Stoffe Rechnung trägt und dem Verbraucher zur Information dient. Sie werden im Düngemittelgesetz definiert als

Stärkungsmittel

»Stoffe ohne wesentlichen Nährstoffgehalt, die dazu bestimmt sind, auf die Pflanzen einzuwirken oder die Aufbereitung organischer Stoffe zu beeinflussen«.

Brennessel-Pulver ist ein Pflanzenhilfsmittel aus getrockneten und gemahlenen Brennesseln zur Herstellung von Brennessel-Jauche. Tomatenpflanzen können vor allem während der Blüte reichlich mit Brennesseljauche angegossen werden. Starkzehrer reagieren auf Mehrfachbehandlung mit kräftigem Wachstum.

Ackerschachtelhalm-Extrakte sind Kieselsäure-Präparate für Obst-, Gemüse- und Zierpflanzen. Behandelt wird die Pflanze sowie das von ihr beanspruchte Erdreich. Auch Anzuchterde kann mit Schachtelhalmlösung überbraust und Jungpflanzen nach dem Anwachsen damit angegossen werden.

Baldrian-Extrakte für Gieß- und Spritzmittel dienen einer besseren Blüten- und Fruchtausbildung und Aktivierung des Bodenlebens.

Im Handel sind weitere Pflanzenhilfsstoffe zur Förderung der Pflanzengesundheit erhältlich, die aus unterschiedlichen Mischungen verschiedener Kräuter- und Pflanzenextrakte, kalk- und silikatreichen Mineralien und teilweise Schwefel und Hefe bestehen.

Meeresalgenextrakte sind reich an Spurenelementen, Pflanzenhormonen und anderen wichtigen Verbindungen und bieten sich deshalb für die Gewinnung eines natürlichen Spurenelement-Düngers und Wachstumsstimulators an.

Stecklingsbewurzelungsmittel auf der Basis von Meeresalgenextrakten (z. B. NEUDOFIX) halten durch natürliche Quellstoffe die Schnittfläche des Stecklings feucht und bewirken dadurch eine zuverlässige Bewurzelung. Auch beim Umtopfen oder bei Neuanpflanzungen wird das Wurzelwachstum gefördert.

Der Extrakt aus der Braunalge *Ascophyllum nodosum* (Handelspräparat ALGAN) enthält 70 Spurenelemente, Vitamine, Kohlenhydrate, Aminosäuren, Enzyme und Phytohormone (Vorstufen) und zeigt bei Kulturpflanzen erstaunliche Wirkungen: Der wachstumsfördernde Impuls beruht auf einer Stimulierung der pflanzeneigenen Hormonproduktion. Diese wiederum steuert die Nährstoffaufnahme, das vegetative Wachstum, Blüten- und Fruchtansatz sowie den Reifeprozeß und führt zu deutlichen Mehrerträgen. Die Vielzahl an Spurenelementen des Extraktes (Bor, Kupfer, Eisen, Jod, Mangan, Molybdän, Schwefel, Zink, Natrium, Silicium etc.) vermag Mangelerscheinungen bei Pflanzen schnell auszugleichen. Durch Stimulierung der Stoffwechselaktivität bildet sich, insbesondere bei der Anwendung im Jungpflanzenstadium, ein weitreichendes, leistungsfähiges Wurzelsystem, das der Pflanze ermöglicht, mehr Nährstoffe aufzunehmen und zu verarbeiten. Qualität und Lagerfähigkeit von Gemüse und Früchten werden z. B. durch höhere Zucker- und Fruchtsäuregehalte verbessert. Eine indirekte Wirkung zeigt Braunalgenextrakt gegen verschiedene Pflanzenkrankheiten, In-

43

sekten und Milben; das Immunsystem der behandelten Pflanzen ist stärker ausgeprägt.

Auch kombinierte Algen- und Kräuterpräparate (z.B. ALGIFERT) sowie Extrakte von Meeresalgen, Hopfen, Weizenkeimlingen, verschiedenen Heilpflanzen und Kompostauszügen (z.B. POLYMARIS PLANT) können eine vorbeugende Hilfe gegen Krankheiten und Schädlinge darstellen.

Unter *Pflanzenstärkungsmitteln* versteht man »Stoffe, die ausschließlich dazu bestimmt sind, die Widerstandskraft von Pflanzen gegen Schadorganismen zu erhöhen, ohne daß diese Stoffe schädliche Auswirkungen auf die Gesundheit von Mensch und Tier oder auf den Naturhaushalt haben«. Laut Pflanzenschutzgesetz müssen diese Mittel offiziell bei der Biologischen Bundesanstalt für Land- und Forstwirtschaft angemeldet werden, d.h., ihre Rezeptur ist der Behörde bekannt, und sie erhalten eine »Anmeldenummer«.

Auch in Stärkungsmitteln können Kieselsäure, Algenkalk und spezielle Kräuterextrakte wertbestimmende Inhaltsstoffe darstellen und hier beispielsweise die natürliche Widerstandskraft von Möhren, Kohl, Radieschen, Rettich, Zwiebeln und Porree gegen Gemüsefliegen-Maden erhöhen (z.B. BIO-GEMÜSE STREUMITTEL).

Eine Kombination natürlicher Fettsäuren und spurenelementreicher Pflanzenextrakte (Handelspräparat NEUDO-VITAL) kann im Gewächshaus vorbeugend gegen Grauschimmel, Kraut- und Braunfäule und andere Pilzkrankheiten wirksam sein. Extrakte aus Sachalin-Staudenknöterich (*Reynoutria sachalinensis*; Handelspräparat MILSANA) erwiesen sich als wirksam z.B. gegen Echte Mehltaupilze an Gurken, Grauschimmel an Paprika und Krautfäule an Tomaten, wobei es sich hier um eine indirekte Wirksamkeit handelt, d.h., frühzeitig behandelte Pflanzen werden über eine Steigerung ihrer Vitalität und Widerstandskraft in die Lage versetzt, Infektionen besser abzuwehren.

Naturgemäßer Pflanzenschutz

Bei aller Sorgfalt wird ein Auftreten von Pflanzenkrankheiten und Schädlingen auch oder gerade im Gewächshaus häufig nicht zu vermeiden sein. Durch ein günstiges Kleinklima werden nicht nur die Pflanzen in ihrem Wachstum gefördert, auch Schadorganismen können sich hier oft sehr viel schneller vermeh-

ren und ausbreiten, als dies im Freiland möglich wäre. So ist es sehr entscheidend, rechtzeitig geeignete Gegenmaßnahmen zu ergreifen.

Pflanzenschutzmittel natürlichen Ursprungs

Für den naturgemäßen Gartenbau unter Glas steht eine Reihe von Spritzmitteln zum Schutze der Pflanzen zur Verfügung, deren Anwendung in bestimmten Fällen eine nicht zu vermeidende Maßnahme darstellt. Pflanzenschutzpräparate natürlichen Ursprungs werden auf der Pflanze oder im Boden relativ schnell abgebaut. Dennoch sollte berücksichtigt werden, daß auch sie die vielfältigen Wechselwirkungen zwischen den verschiedenen Organismen beeinträchtigen können. Selektive, also gezielt auf den jeweiligen Schadorganismus wirkende Präparate und Methoden sollten daher stets bevorzugt werden.

Fettsäuren-Präparate

Lösungen von Schmierseife werden immer wieder als Hausmittel gegen Blattläuse empfohlen. Die Wirkung derart selbstgemachter Spritzmittel ist jedoch meist unzureichend, außerdem führen sie nicht selten zu Schädigungen der behandelten Pflanzen. Man sollte sich daher besser auf ein zugelassenes Pflanzenschutzpräparat auf der Basis ausgewählter, natürlicher Fettsäuren verlassen.

NEUDOSAN und NATURAL (Kaliumsalze natürlicher Fettsäuren) sind selektiv wirkende Kontaktinsektizide und -akarizide gegen Blattläuse, Weiße Fliegen und Spinnmilben, die nicht bienengefährlich sind und Nützlinge wie Marienkäfer, Florfliegen und Schlupfwespen schonen. Diese Mittel wirken nur gegen direkt getroffene Schädlinge, indem sie nach Kontakt schnell in den Insektkörper eindringen, die normale Durchlässigkeit der Zellmembranen stören und die Atmung der Schädlinge verhindern. Ein weiterer Vorteil ist, daß diese Präparate schon kurz nach der Anwendung sowohl auf der Pflanze als auch im Boden zu Kohlendioxid und Wasser abgebaut werden und daher bis kurz vor der Ernte angewendet werden können. Fettsäuren-Präparate sind sehr umweltverträglich und haben bei vorschriftsmäßiger Anwendung (Beipackzettel und Gebrauchsanweisung beachten!) keine schädlichen Auswirkungen auf die Gesundheit von Mensch und Tier. In Verbindung mit bestimmten Pflanzenextrakten können natürliche Fettsäuren auch gegen Pilzkrankheiten wirksam sein (z.B. NEUDO-VITAL).

Paraffinöl-Präparate

Auf bestimmte schwer bekämpfbare Schädlinge, wie z.B. Schild-, Woll- und Schmierläuse sowie auf Spinnmilben und deren Eier, wirkt ein dünner Paraffinöl-Film tödlich, weil er die Atmung unterbindet. Paraffinöl-Spritzmittel (z.B. PROMANAL; Beipackzettel und Ge-

Für den naturgemäßen Anbau im Gewächshaus stehen einige Spritzmittel zum Schutze
der Pflanzen zur Verfügung, deren Anwendung in bestimmten Fällen nicht zu vermeiden ist.

brauchsanweisung beachten!) sollten
nur an hartlaubigen Gewächsen angewendet werden. Da sie auch Nützlinge

abtöten, sollte man sie auch im Gewächshaus nur in Zeiten einsetzen, in denen keine natürlichen Feinde auftreten.

Lecithin-Präparate

Lecithin wird als ein Wirkstoff gegen den
Echten Mehltau z.B. an Gurken verwendet. Das erste zugelassene Pilzbekämp-

Nützlinge

fungsmittel mit diesem natürlichen Wirkstoff aus der Soja-Pflanze ist das BIO BLATT-MEHLTAUMITTEL. Mittel auf Lecithin-Basis sind umweltverträglich und ungiftig. (Beipackzettel und Gebrauchsanweisung beachten.)

Pyrethrum-Präparate

Der Blütenextrakt verschiedener Chrysanthemen-Arten wird seit Jahrzehnten zu Spritz-, Sprüh- und Stäubemitteln gegen Schadinsekten in Haus und Garten verarbeitet. Pyrethrum-Mittel wirken schnell und zuverlässig. Die wirksamen Substanzen (Pyrethrine) haben die Eigenschaft, ausschließlich auf das Nervensystem von kaltblütigen Lebewesen wie Insekten und Spinnentiere zu wirken. Da Pyrethrum durch Sauerstoff- und UV-Lichteinwirkung schnell zerfällt, ist dieser Wirkstoff auch für eine Anwendung im naturgemäßen Gewächshausanbau geeignet. Beachtet werden muß aber, daß Pyrethrum-Präparate zwar bienenungefährlich sein können, jedoch aufgrund ihrer breiten Wirksamkeit auch Nützlinge abtöten und zudem giftig sind für Fische und Reptilien (Beipackzettel und Gebrauchsanweisung beachten!).

Bacillus-thuringiensis-Präparate

Es gibt auch Bakterien, die Schädlinge befallen und stark dezimieren können. Zu diesen gehört der *Bacillus thuringiensis*, der in der Natur vorkommt und ganz spezifisch nur bei Raupen eine Krankheit hervorruft, die bereits nach wenigen Stunden zu einem Fraßstopp und nach wenigen Tagen zum Tode führt. Wirksame Substanzen sind bei der Sporenbildung des *Bacillus* entstehende kristalline Toxine, die von den Raupen mit der Nahrung, also den grünen Blättern, aufgenommen werden und hier zu einer Zerstörung der Darmwände führen. *Bacillus-thuringiensis*-Präparate (z. B. RAUPENSPRITZMITTEL; DIPEL) sind im Gewächshaus etwa gegen Kohlweißlinge einsetzbar. Sie sind unschädlich für Mensch, Haustiere, Bienen, die meisten Schmetterlingsarten und für nützliche Insekten (Beipackzettel und Gebrauchsanweisung beachten!).

Nützlinge im Gewächshaus

Neben der Schonung natürlicherweise auftretender Nutzorganismen stellt gerade im Gewächshaus die *Freilassung von Nützlingen* eine wirkungsvolle Alternative der Schädlingsbekämpfung dar. Voraussetzung ist jedoch, daß der Gärtner seine Pflanzen regelmäßig kontrolliert, die Schädlinge rechtzeitig entdeckt und richtig identifiziert. Nützlinge sind bei speziellen Nützlingszuchtbetrieben (siehe Bezugsquellen) oder über Bestellgutscheine im Gartenfachhandel erhältlich. Ihre Anwendung bzw. Freilassung im Gewächshaus ist recht einfach, wenn man folgende Punkte beachtet. Davon unabhängig sind Beipackzettel bzw. Gebrauchsanweisungen zu beachten.

Nützlinge

● Kein Nützlingseinsatz bei Temperaturen unter 18°C oder (bei parasitären Nematoden) unter 13°C Bodentemperatur.

● Einsatz der Nützlinge bereits beim ersten Auftreten der Schädlinge und nicht erst, wenn sich bereits Schadsymptome an den Pflanzen zeigen.

● Auf einen gleichzeitigen Einsatz von Pflanzenschutzmitteln sollte verzichtet werden.

● Nützlinge wirken nicht so schnell wie Pflanzenschutzmittel, dafür aber in der Regel nachhaltiger.

Trotz dieser Einschränkungen überwiegen die Vorteile der biologischen Schädlingsbekämpfung: Bei gezielter Wirkung auf den jeweiligen Schädling treten unerwünschte Nebenwirkungen auf andere Organismen nicht auf, das »Ökosystem« im Gewächshaus wird nicht belastet. Mensch, Tier und Pflanze werden durch den Nützlingseinsatz in keiner Weise behelligt; Wartezeiten sind nicht zu beachten, Gemüse, Kräuter und Obst können also jederzeit geerntet werden.

Gewächshausgärtner sollten beachten, daß neben dem gezielten Einsatz von Nützlingen aus Zuchtbetrieben auch die natürliche Bekämpfung durch zugeflogene oder zugewanderte Nützlinge von großer Bedeutung für die Schädlingskontrolle sein kann. Im Gewächshaus handelt es sich hierbei um nützliche Spinnen und Insekten (Nutzarthropoden), wie z.B. Webspinnen, Raubmilben, Ohrwürmer, räuberisch lebende Thripse und Wanzen, Netzflügler, Hautflügler, Zweiflügler und Käfer. Insbeson-

dere Blattläuse haben viele natürliche Feinde; so trifft man im Gewächshaus häufig auf Schlupfwespen, Schwebfliegen und Marienkäfer.

Aufgrund ihrer »Fraßtätigkeit« bzw. Lebensweise unterscheidet man bei den Nutzarthropoden zwischen *Räubern* (Prädatoren) und *Parasiten* (Parasitoiden): Räuber benötigen für ihre Entwicklung stets mehrere Beutetiere. Sie sind in der Regel größer als ihre Opfer und meist wenig spezialisiert. Bei vielen Arten leben sowohl die Larven als auch die erwachsenen Tiere (Imagines, Adulte) räuberisch (Beispiel: Marienkäfer). Parasiten dagegen benötigen für ihre Entwicklung nur ein Wirtstier, dessen Tod meist erst nach einiger Verzögerung eintritt. Hier leben nur die Larven parasitisch, die erwachsenen Tiere leben frei und ernähren sich von Blütenpollen und Nektar oder Blattlaushonigtau. Die Parasiten sind in der Regel sehr viel enger auf bestimmte Wirtstiere (Schädlinge) spezialisiert als Räuber und häufig sogar auf ein bestimmtes Entwicklungsstadium des Wirtes angewiesen. Dementsprechend unterscheidet man Ei-, Larven-, Puppen- und Imaginalparasiten. Einige Arten entwickeln sich innerhalb ihres Wirtes (Endoparasiten), andere dagegen leben außen am Wirt (Ektoparasiten). Findet man beispielsweise im Gewächshaus tote, leicht aufgeblähte, rundliche Blattläuse (Blattlaus-Mumien), so ist dies ein eindeutiges Zeichen für eine Parasitierung durch Schlupfwespen.

Die Wirksamkeit dieser natürlichen

Gegenspieler darf nicht unterschätzt werden. Nicht selten erübrigt sich jede Bekämpfungsmaßnahme gegen Blattläuse, wenn bereits durch die Lüftungsklappen des Gewächshauses Nützlinge »eingedrungen« sind.

Schädlinge erkennen und bekämpfen

Bei den nachfolgend aufgeführten tierischen Schädlingen wurden die im Gewächshaus sowohl an Gemüse, Kräutern und Obst als auch an Zierpflanzen am häufigsten auftretenden pflanzenschädigenden Insekten und Milben berücksichtigt. Soweit natürliche Gegenspieler bekannt und bei Nützlingszuchtbetrieben erhältlich sind, werden die Methoden der biologischen Bekämpfung besprochen. Aber auch andere im naturgemäßen Pflanzenschutz bewährte Verfahren und Präparate finden Erwähnung. Bei käuflichen Mitteln sind Beipackzettel und Gebrauchsanweisungen zu beachten.

Blattläuse

Blattläuse gehören zu den häufigsten Schädlingen unserer Kulturpflanzen. Gerade in Gewächshäusern treten sie bereits im zeitigen Frühjahr auf und schädigen die Pflanzen durch Entzug von Zellsaft. Gekräuselte und eingerollte Blätter sind die Folge. Häufig kommt es zusätzlich zur Übertragung pflanzlicher Viruskrankheiten. Die zuckerhaltigen,

Um Schädlinge rechtzeitig feststellen zu können, sollten die Pflanzen (insbesondere die Blattunterseiten) regelmäßig kontrolliert werden.

klebrigen Ausscheidungen der Blattläuse locken nicht nur Ameisen an, sondern führen durch Ansiedelung von

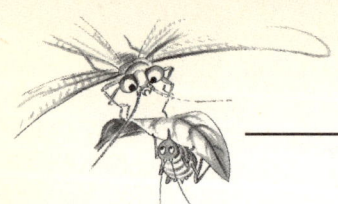

Blattläuse

Rußtaupilzen zur Verschmutzung der Blätter und Früchte. Die vornehmlich auf den Blattunterseiten sitzenden Blattläuse vermehren sich durch Jungfernzeugung und Lebendgeburt. Aufgrund der sehr hohen Vermehrungsrate der Blattläuse und des Auftretens mehrerer Generationen im Jahr sind Pflanzenschutzmaßnahmen meist unumgänglich.

Im Gewächshaus können verschiedene Arten auftreten, z.B. Grüne Pfirsichblattlaus *(Myzus persicae)*, Schwarze Bohnenlaus *(Aphis fabae)*, Grünfleckige Kartoffelblattlaus *(Aulacorthum solani)*, Gurkenblattlaus *(Aphis gossypii)*. Man findet grüne, gelbe, rote und schwarze Blattläuse, die alle durch typische Hinterleibsröhren (Siphonen) gekennzeichnet sind.

Für den Einsatz von Nützlingen ist es wichtig, den Blattlausbefall festzustel-

Blattläuse (links ungeflügelt, rechts geflügelt)

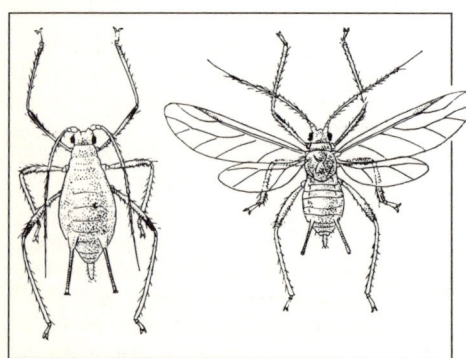

len, bevor sich größere Kolonien gebildet haben und es zum Einrollen der Blätter kommt. Der Pflanzenbestand sollte daher möglichst einmal wöchentlich ab Pflanzung auf Blattlausbefall untersucht werden.

Ein natürlicher Gegenspieler der Blattläuse ist die *Räuberische Gallmücke (Aphidoletes aphidimyza,* siehe Foto S. 17). Die ca. 2 mm großen erwachsenen Gallmücken-Weibchen legen ihre Eier gezielt in die Nähe von Blattläusen ab (ca. 100 Eier pro Weibchen). Aus den Eiern schlüpfen nach ca. zwei Tagen kleine orangerote Larven (siehe Foto S. 17), die sich ausschließlich von Blattläusen ernähren. Über den Zeitraum von fünf bis zehn Tagen können von einer einzigen Larve bis zu 50 Blattläuse abgetötet werden. Dabei stechen die Gallmücken-Larven die Blattläuse an, spritzen ihnen ein Gift ein und saugen sie aus. Danach wandern die mittlerweile ca. 3 mm großen Larven zur Verpuppung in den Boden bzw. in die Pflanztöpfe. Nach zehn bis vierzehn Tagen kommt es zum erneuten Schlupf erwachsener Gallmücken, und der Kreislauf beginnt von vorn. Die erwachsenen Mücken leben ca. zwei Wochen, sie sind nachtaktiv und ernähren sich ausschließlich vom Honigtau der Blattläuse.

Entscheidend für den erfolgreichen Einsatz der Räuberischen Gallmücke ist deren rechtzeitige Freilassung beim ersten Auftreten der Blattläuse. Die Zusendung der Räuberischen Gallmücken durch Nützlingszuchtbetriebe erfolgt in Form von Puppen. Für 10 m²

Blattläuse

Gewächshausfläche werden ca. 80 Gall-mücken-Puppen benötigt. Diese sind in feuchtem Torf eingebettet, der häuf-chenweise unter die befallenen Pflanzen zu legen ist. Durch Einlegen des Torfes in flache Erdmulden oder durch Über-stülpen von mehrfach gelochten Plastik-töpfen verhindert man ein zu schnelles Austrocknen des Substrates. Wichtig ist, daß der Torf über eine Woche feucht gehalten wird, damit ein vollständiger Schlupf der erwachsenen Gallmücken erfolgen kann. Nach ca. einer Woche sind zwischen den Blattläusen winzige orangerote Gallmücken-Eier (meist nur mit der Lupe erkennbar) und nach spä-testens zwei Wochen orangerote Gall-mücken-Larven zu finden.

Auch die *Gemeine Florfliege (Chrysopa carnea,* siehe Foto S. 18) eignet sich gut für die biologische Blattlausbekämp-fung im Gewächshaus. Bekannt ist die-ser Nützling auch unter dem Namen »Blattlauslöwe« oder »Goldauge«. Die 10–15 mm großen erwachsenen Flor-fliegen fallen durch ihre hellgrünen, netz-artigen Flügel auf. Die auf ca. 5 mm lan-gen Stielchen abgelegten Eier der Flor-fliegen sind zunächst hellgrün, später bräunlich. Nach dem Ausschlüpfen der Larven nehmen sie eine weißliche Fär-bung an. Die Larven (siehe Foto S. 18) entwickeln sich je nach Temperatur in zwei bis drei Wochen und erreichen in dieser Zeit eine Körpergröße von ca. 10 mm. Sie haben große, zangenartige Kiefer, mit denen sie ihre Beute ergrei-fen. Normalerweise leben die Larven von Blattläusen, sie fressen aber auch andere kleine Schädlinge wie Thripse und Spinnmilben.

Bewährt hat sich die Ausbringung von Florfliegen-Eiern beim ersten Auftreten von Blattläusen. Die vom Nützlings-zuchtbetrieb zugesandten hellgrünen oder bräunlichen kleinen Eier befinden sich meist auf Mullgaze oder Papierstrei-fen. Man schneidet diese vorsichtig in kleine Stücke und verteilt sie auf die befallenen Pflanzen. Da die Larven zunächst nur einen begrenzten Aktions-radius haben, sollten die Stückchen möglichst dicht an die Blattlauskolonie gelegt werden. Für eine Gewächshaus-fläche von 10 m² benötigt man ca. 100 Florfliegeneier. Die Temperatur im Gewächshaus sollte tagsüber zwischen 18° und 26°C liegen. Blattlausbefallene Pflanzen sollten möglichst dicht zusam-mengerückt werden, damit die Larven bei der Suche nach Beute überwandern können. Die Larven selbst sind erfah-rungsgemäß im Pflanzenbestand sehr schwer zu finden.

Als dritter Nützling, der im Gewächs-haus gegen Blattläuse einzusetzen ist, wäre noch eine Schlupfwespenart zu erwähnen, die ebenfalls von Spezialbe-trieben gezüchtet und vertrieben wird: Die *Blattlaus-Schlupfwespe (Aphidius matricariae)* ist ein kleines, etwa 3 mm langes, meist sehr lebhaftes Insekt. Sie lebt als Endoparasit von Blattläusen, wobei jeweils ein Ei in eine Blattlaus gelegt wird und die Entwicklung der Schlupfwespe über die Verpuppung im mumifizierten Wirt stattfindet. Wenn der Einsatz unter Glas ausreichend früh

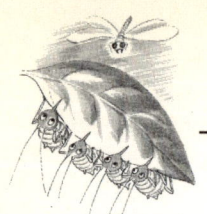

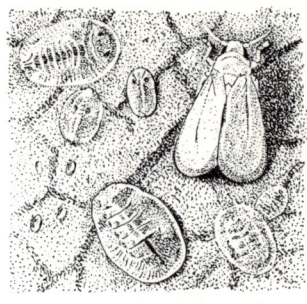

erfolgt, können – bei optimalen Temperaturen zwischen 18° und 24°C – die sich entwickelnden Parasitengenerationen relativ schnell vorhandene Blattlauspopulationen reduzieren. Da ihre Wirksamkeit durch Hyperparasiten stark eingeschränkt werden kann, empfiehlt sich eine Anwendung im Winter und zeitigen Frühjahr. Geliefert werden die Blattlaus-Schlupfwespen in Form von Puppen in parasitierten Blattläusen.

Ist der Blattlausbefall im Gewächshaus bereits zu weit fortgeschritten und damit ein Einsatz von Nützlingen nicht mehr ratsam, empfiehlt sich die Anwendung von Spritzmitteln natürlichen Ursprungs. Pyrethrum-Präparate zeigen eine gute Sofortwirkung gegen Blattläuse. Aufgrund ihrer breiten Wirkung sollten sie jedoch dann nicht angewendet werden, wenn vorher bereits Nützlinge ausgebracht wurden oder durch natürlichen Zuflug im Pflanzenbestand zu finden sind. Bei Verwendung eines selektiven, d.h. nützlingsschonenden Präparates werden Marienkäfer, Florfliegen, Schlupfwespen und auch Bienen geschont. Im naturgemäßen Anbau haben sich hier besonders die natürlichen Fettsäuren-Präparate NEUDO-SAN und NATURAL bewährt.

Weiße Fliegen

Im Gewächshaus tritt vor allem die Gewächshaus-Mottenschildlaus (*Trialeurodes vaporariorum*, siehe Foto S. 56 o. r.) auf. Ein Befall ist relativ leicht festzu-

Weiße Fliege (links Eier, Mitte und oben bzw. unten rechts verschiedene Larvenstadien, Mitte unten Puppenhülle, oben rechts Imago)

stellen, denn die erwachsenen Stadien (Adulte) der Weißen Fliegen – ca. 2 mm lange, geflügelte und mit weißem Wachsstaub bepuderte Insekten – fliegen sofort auf, wenn die Pflanzen angestoßen werden. Da ein Weibchen bis zu 350 Eier abzulegen vermag, kommt es nicht selten zu einer explosionsartigen Vermehrung. Aus den winzigen Eiern schlüpfen weißliche bis gelblichgrüne Larven, die nur für kurze Zeit beweglich sind und sich dann an den Blattunterseiten festsetzen. Sowohl Larven als auch Adulte schädigen die Pflanzen durch Entzug von Zellsaft und die Ausscheidung von klebrigem Honigtau. Dadurch werden die Stoffwechselprozesse der Pflanzen beeinflußt, Blattvergilbungen

Seite 53:
Gelbe Leimtafeln sind ein gutes Hilfsmittel zur Früherkennung der Weißen Fliege.

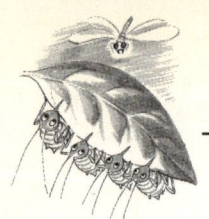

und Ansiedelung von Rußtau- bzw. Schwärzepilzen sind die Folgen.

Werden die Weißen Fliegen entdeckt, wenn der Befall noch sehr gering ist, ist die biologische Bekämpfung mit der *Schlupf- bzw. Erzwespe (Encarsia formosa,* siehe Foto S. 35 o. l.) möglich. Die Schlupfwespe ist ein winziges Insekt von einem halben Millimeter Länge und daher mit bloßem Auge kaum zu erkennen. Kopf und Brust sind dunkelbraun bis schwarz gefärbt; der Hinterleib ist beim Weibchen gelblich durchscheinend und beim Männchen schwarz. Die paarigen Flügel sind durchsichtig. Die erwachsenen Schlupfwespen ernähren sich von Honigtau und von den jüngeren Stadien der Weißen Fliegen (Aufnahme von Körperflüssigkeit). Während der etwa zweiwöchigen Lebensdauer bildet ein Encarsia-Weibchen ca. 50 Eier aus, die einzeln mit Hilfe eines »Legebohrers« in die Larven (3. und 4. Stadium) der Weißen Fliege abgelegt werden. Die Schlupfwespen-Larve (siehe Foto Seite 35 o. r.) entwickelt sich innerhalb der Weißen-Fliege-Larve und bringt sie zum Absterben. Anhand der Schwarzfärbung wird die erfolgreiche Parasitierung deutlich sichtbar. Durch ein rundes Loch am Kopfteil der Weißen-Fliege-Larve schlüpft die junge Schlupfwespe nach Beendigung der Puppenentwicklung aus der Schädlingshülle aus.

Man benötigt ca. 100 Schlupfwespen auf 10 m² Gewächshausfläche. Bestellt man Schlupfwespen bei Nützlingszuchtbetrieben, so erhält man sie in Form parasitierter, d.h. schwarz gefärbter Larven

bzw. Puparien der Weißen Fliege, aufgeklebt auf kleine Kartonkärtchen. Diese sind – gleichmäßig im Pflanzenbestand verteilt – in den unteren Teil der Pflanzen zu hängen. Das Ausschlüpfen der jungen Wespen erfolgt dann innerhalb weniger Tage. Erkennbar ist der Schlupf an kleinen, runden Ausschlupflöchern auf den schwarzen Puparien. Da diese nur winzig sind, muß man dazu allerdings eine Lupe (möglichst sechs- bis achtfache Vergrößerung) zu Hilfe nehmen. Die schwarzen »Pünktchen« bleiben also – scheinbar unverändert – an den Kärtchen haften. Bis eine Parasitierung der Schädlingslarven im Pflanzenbestand festzustellen ist, vergehen mindestens zwei bis vier Wochen. Höhere Temperaturen (25°–27°C) fördern die Aktivität und Vermehrung der Schlupfwespen.

Ein sehr nützliches Hilfsmittel zur Früherkennung von Weißen Fliegen im Gewächshaus sind gelbe Leimtafeln (siehe Foto S. 56 o. l.). Da sich die erwachsenen Weißen Fliegen vornehmlich auf den obersten Blättern der Wirtspflanzen aufhalten (z.B. an Tomaten), sollten die Gelbtafeln auf Höhe der

Seite 55:
Oben: Gefurchter Dickmaulrüßler (*Otiorhynchus sulcatus*) mit typischem Schadbild (U-förmiger Blattrandfraß, siehe S. 60 ff.)
Unten: Larven des Gefurchten Dickmaulrüßlers (*Otiorhynchus sulcatus*); links und zweite von links gesunde Larven, rechts und zweite von rechts durch Nematoden parasitierte (siehe S. 61 f.).

Spinnmilben

Triebspritzen aufgehängt werden. Vor einer Freilassung von Schlupfwespen müssen die Leimfallen unbedingt entfernt werden.

Entdeckt man die Weißen Fliegen erst dann, wenn beim Berühren der Pflanzen weiße »Wölkchen« aufsteigen, hilft nur noch eine Spritzung von natürlichen Insektiziden (s. Blattläuse).

Spinnmilben

Die Gemeine Spinnmilbe (*Tetranychus urticae,* siehe Foto S. 38 u.) kann an vielen Kulturpflanzen im Gewächshaus auftreten. Spinnmilbenschäden erkennt man zunächst an kleinen, weißlich-gelben punktförmigen Flecken auf den Blattoberseiten, die sich in kurzer Zeit ausweiten, zu größeren Flächen zusammenschließen und schließlich zur Verfärbung und zum Absterben der Blätter führen. Bei starkem Befall entstehen auch »Gespinste«, die unter Umständen ganze Pflanzenteile überziehen können. Die Spinnmilben selbst sitzen überwiegend an den Blattunterseiten und saugen einzelne Pflanzenzellen aus. Spinn-

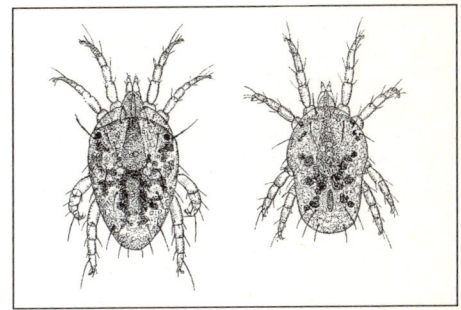

Spinnmilben (Weibchen und Männchen)

milben vermehren sich besonders schnell bei höheren Temperaturen und trockener Luft. Sie sind ca. 0,5 mm groß und von länglich-ovaler Gestalt; auf dem Rücken erkennt man zwei dunkle Flecken. Die erwachsenen Milben treten in zwei verschiedenen Färbungen auf: Die Sommerform ist grün-gelb bis bräunlich, die Winterform ist rötlich gefärbt.

Erkennt man den Spinnmilbenbefall rechtzeitig, so empfiehlt sich die biologische Bekämpfung mit *Raubmilben* (*Phytoseiulus persimilis,* siehe Foto S. 35 u.). Bei ähnlichem Körperbau unterscheiden sich die Raubmilben von den Spinnmilben unter anderem durch ihre leuchtend rote Färbung, ihre tropfenförmige Gestalt und eine größere Beweglichkeit. Die Raubmilbe ernährt sich ausschließlich von Spinnmilben und deren Eiern. Etwa fünf ausgewachsene Spinnmilben oder 20 Eier bzw. Jungtiere werden von einer einzigen Raubmilbe täglich ausgesaugt und

Seite 56:
Oben links: Gelbtafel zum Abfangen von Weißen Fliegen, Blattläusen, Trauermücken und Minierfliegen (siehe S. 52, 53)
Oben rechts: Weiße Fliegen (*Trialeurodes vaporariorum*) an Tomaten (siehe S. 52 ff.)
Unten links: Blautafel zum Abfangen des Blütenthripses (*Frankliniella occidentalis*)
Unten rechts: Raubmilbe (*Amblyseius* sp.) an Thrips-Larve (siehe S. 58)

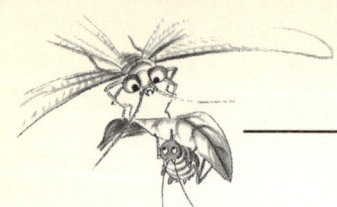

abgetötet. Jedes Raubmilbenweibchen legt insgesamt 40 bis 60 Eier ab, aus denen nach zwei bis drei Tagen junge Milben schlüpfen. Da zudem der Lebenszyklus der Raubmilben bei höheren Temperaturen mit etwa sieben Tagen nur halb so lang ist wie der der Spinnmilben, ist eine schnelle und nachhaltige Wirkung gewährleistet.

Von den Nützlingszuchtbetrieben erhält man die Raubmilben auf Bohnenblättern, die ganz oder stückchenweise auf die befallenen Pflanzen zu legen sind. Die Nützlinge suchen dann selbst ihre Beute bzw. Nahrung. Temperaturen zwischen 23° und 27°C sowie eine hohe Luftfeuchtigkeit fördern die Aktivität und Vermehrung der Raubmilben.

Ist der Spinnmilbenbesatz zu stark für einen Nützlingseinsatz, wendet man Fettsäuren-Präparate an (s. Blattläuse).

Thripse

Thripse (*Thysanoptera*; Fransenflügler, Blasenfüße) sind sehr kleine, ca. 1–2 mm lange, unauffällige Insekten mit einem sehr schlanken, etwas abgeflachten, gelb bis schwarzbraun gefärbten Körper. Durch ihre Saugtätigkeit rufen sie kleine, silbrig-weiße Flecken an den Blättern hervor. Die Blätter verformen sich, die Pflanzen sind im Wachstum gehemmt. Den Kalifornischen Blütenthrips (*Frankliniella occidentalis*) findet man auch an den Blüten von Zier- und Gemüsepflanzen. Hier ist er durch ein Ausklopfen auf die Handinnenfläche leicht ausfindig zu machen. Schon bei geringem Besatz treten die typischen Schadsymptome auf: kleine, silbrig-weißliche Aufhellungen an Blatt und Blüte. Ein weiteres Indiz sind kleine schwarze Kotflecken. Thripse können durch die Freilassung von *Raubmilben* der Gattung *Amblyseius* biologisch bekämpft werden. *Amblyseius*-Raubmilben (siehe Foto S. 56 u. r.) unterscheiden sich von den *Phytoseiulus*-Raubmilben durch ihre hellere, blaß-rosa Farbe und ihre kürzeren Beine. Die Raubmilbe sucht im Gewächshaus aktiv nach ihrer Beute; eine erwachsene Raubmilbe saugt pro Tag 2–3 Thripslarven aus. Bewährt hat sich ein kombinierter Einsatz der beiden Raubmilben-Arten *Amblyseius cucumeris* und *Amblyseius (Neoseiulus) barkeri*. Letztere legt ihre Eier – täglich zwei bis drei – auf die Spitzen der Blatthaare an der Blattunterseite; die Eier von *A. cucumeris* sind auf den Haaren in Achseln von Haupt- und Seitennerven an der Unterseite der Blätter zu finden.

Von den Nützlingszuchtbetrieben werden die *Amblyseius*-Raubmilben auf Kleie in Streuflaschen oder Papierbeuteln geliefert. Die Ausbringung sollte in einem frühen Anbaustadium erfolgen und muß mehrfach wiederholt werden. Bei einer Bekämpfung von *Frankliniella*-Thrips ist eine gleichzeitige Anwendung von Blautafeln (siehe Foto S. 56 u. l.) empfehlenswert.

Auch die Anwendung von Pyrethrum-Präparaten hat sich bei der Thripsbekämpfung bewährt.

Woll- und Schmierläuse

Schildläuse

Schildläuse *(Coccidae,* siehe Foto S. 37 u.) sitzen fest an den Pflanzen, der Körper ist durch einen kleinen Deckel bzw. Schild geschützt. Die Weibchen legen unter diesen hell- bis dunkelbraunen, ovalen oder sternenförmigen Schildchen ihre Eier ab. Schildläuse saugen an den Blättern, so daß an diesen unregelmäßig geformte gelbe Flecken entstehen. Schlimmer noch als diese Saugtätigkeit ist die starke Honigtaubildung. Auf dem klebrigen Belag bilden sich Rußtaupilze, die den Stoffwechsel in den Blättern stark behindern können.
Eine biologische Bekämpfung von Schildläusen ist noch nicht möglich. An hartlaubigen Zierpflanzen kann die Behandlung mit einem Paraffinöl-Präparat (z.B. PROMANAL) Abhilfe schaffen.

Woll- und Schmierläuse

Die mit den Schildläusen eng verwandten Woll- und Schmierläuse *(Pseudococcidae)* besitzen keinen Rückenschild. Sie sind von weißen, mehligen oder flaumigen Wachsausscheidungen umhüllt und deshalb leicht zu erkennen. Die an oberirdischen Pflanzenteilen auftretenden Arten findet man am Wurzelhals, an den Stengeln, in den Blattachseln und auf den Blattunterseiten befallener Pflanzen. Die Saugtätigkeit führt zu Vergilbungen an den Blättern und zu Wachstumsstörungen. Auch treten bei stärkerem Befall zusätzlich Honigtau und Rußtau auf.

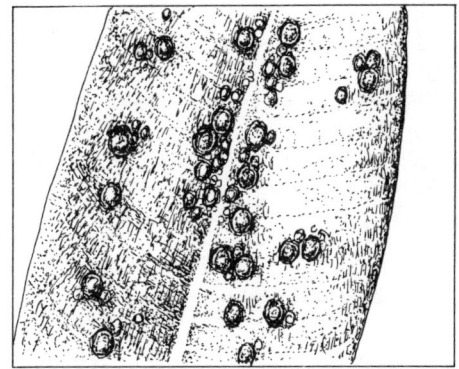

Schildläuse auf Blattunterseite

Zur biologischen Bekämpfung von Woll- und Schmierläusen im Gewächshaus eignet sich der *Australische Marienkäfer (Cryptolaemus montrouzieri,* siehe Foto S. 36 o. l.). Der Käfer ist ungefähr 4 mm lang und durch einen orangefarbenen Kopf und schwarze Flügeldecken gekennzeichnet. Er ernährt sich von allen Arten oberirdischer Wolläuse und nimmt auch Blattläuse und Larven anderer Insekten an, wenn Wolläuse in geringerer Zahl vorkommen. Das Weibchen legt seine Eier einzeln zwischen die Eigelege der Wolläuse. Insgesamt können bis zu 500 Eier abgelegt werden. Die Larven (siehe Foto S. 36 o. r.) schlüpfen innerhalb von acht bis neun Tagen und erreichen eine Länge von bis zu 13 mm. Die älteren Larven sind – wie die Wolläuse – von wachsartigen Ausscheidungen bedeckt und daher auf den ersten Blick kaum von den Schädlingen zu

unterscheiden. Eine Larve kann innerhalb ihrer Entwicklungszeit über 350 Wolläuse vertilgen.

Bei den Nützlingszuchtbetrieben erhält man die Marienkäfer als erwachsene Tiere, d.h., der Versandbehälter sollte erst zwischen den befallenen Pflanzen geöffnet werden. Die Käfer verteilen sich schnell und suchen nach ihrer Beute.

Minierfliegen

Minierfliegen sind leicht zu erkennen: Sie sind etwa 2 mm groß; ihr Körper ist gelb-schwarz gefärbt. Unübersehbar sind auch die Minen (Fraßgänge) in den Blättern, die durch die Larven verursacht werden. Bei stärkerem Befall können ganze Blätter absterben und vertrocknen. Im Gewächshaus können verschiedene Minierfliegen-Arten auftreten, z.B. die Tomaten-Minierfliege (Liriomyza bryoniae) und die Florida-Minierfliege (Liriomyza trifolii).

Zur biologischen Bekämpfung von Minierfliegen nutzt man im Erwerbsgartenbau unter Glas Schlupfwespen (Dacnusa sibirica und Diglyphus isaea), die auch natürlicherweise im Gewächshaus vorkommen. Beide Arten sind etwa 2–3 mm groß und schwarz gefärbt. Der Endoparasit D. sibirica – gekennzeichnet durch lange Fühler – sollte im Frühjahr eingesetzt werden. Diese Art legt jeweils ein Ei in die Larve der Minierfliege; die Entwicklung der Larve verläuft dann anscheinend ungestört bis hin zur Verpuppung. Der Ektoparasit D. isaea – gekennzeichnet durch kurze

Miniergänge im Blatt, hervorgerufen durch Minierfliegenlarven

Fühler – sollte im Sommer freigelassen werden. Diese Art legt ein Ei an die Wirtslarve und tötet die Minierfliege innerhalb der Mine. Die Mine wird nicht größer, und die Wespe entwickelt sich vollständig in der Mine neben der getöteten Larve, die ihr als Nahrung dient. Schließlich schlüpft die neue Wespe aus dem Blatt. Geliefert werden die Minierfliegenparasiten in Form von erwachsenen Schlupfwespen in Kunststoffflaschen. Da sie nur ca. eine Woche leben, sind mehrmalige Freilassungen erforderlich.

Dickmaulrüßler

Bei dem Gefurchten Dickmaulrüßler (Otiorhynchus sulcatus, siehe Foto S. 55 o.) handelt es sich um einen ca. 1 cm langen, grauschwarzen Käfer, der sich tagsüber durch Eingraben in die oberste Erdschicht verborgen hält. Auf nächtlicher Nahrungssuche knabbern die Tiere dann die Blätter der Pflanzen vom Rand her an und verursachen einen typischen, U-förmigen Buchtenfraß.

Dickmaulrüßler

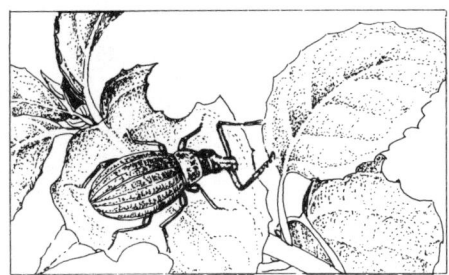

Dickmaulrüßler mit typischem Fraßbild

Auch Knospen werden geschädigt. Die weißlich gefärbten, bis 12 mm großen Larven verursachen Schäden durch ihren Fraß an den Wurzeln und Stengeln der Pflanzen. Bei starkem Befall kommt es zu Wachstumshemmungen, oft sterben die geschädigten Pflanzen ab.
Eine wichtige Bekämpfungsmaßnahme ist das Absammeln der Käfer in der Dämmerung. Nur die Larven (siehe Foto S. 55 u.) können biologisch bekämpft werden. *Parasitäre Nematoden* der Gattung *Heterorhabditis* suchen im Boden aktiv die Dickmaulrüßler-Larven und -Puppen auf und dringen durch Haut oder Körperöffnungen in diese ein. Im Innern der Larve geben die Nematoden ein Bakterium in das Insektenblut ab, welches sich stark vermehrt und in wenigen Tagen den Tod des Schädlings herbeiführt. Die Larven und Puppen der Dickmaulrüßler verfärben sich dabei bräunlich. Die Nematoden selbst ernähren sich nun von diesen Bakterien (ihrer natürlichen Nahrung), vermehren sich, wandern schließlich aus dem toten

Schädling aus und können nun neue Insektenlarven infizieren. Dadurch wird die Entwicklung neuer Käfer auf natürliche Weise unterbunden. Voraussetzung für die biologische Bekämpfung der Dickmaulrüßler mit parasitären Nematoden ist eine gleichmäßige Bodenfeuchtigkeit und eine Bodentemperatur von mindestens 13° C. Wichtig ist, daß zum Zeitpunkt der Nützlingsausbringung im Wurzelbereich Dickmaulrüßler-Larven bzw. -Puppen zu finden sind. Pro m^2 Gewächshausfläche sollten mindestens 0,5 Millionen Nematoden ausgebracht werden. Die Nützlingszuchtbetriebe vertreiben die parasitären Nematoden in Kunststoffbeuteln oder in Eimern auf Schaumstoff. Die Ausbringung erfolgt in einer wäßrigen Suspension mit der Gießkanne oder Gartenspritze.
Eine weitere Methode, den Dickmaulrüßler biologisch zu bekämpfen, wird dem Gärtner demnächst zur Verfügung stehen: Der *insektentötende Pilz Metarhizium anisopliae* ist auf im Boden lebende Käfer und deren Stadien spezialisiert. Die Entwicklung des Pilzes besteht aus einer parasitären und saprophytischen Phase. Nach der Infektion des Wirtsinsekts, die über Atemöffnungen, durch die Nahrungsaufnahme sowie über die Haut erfolgen kann, gelangt der Pilz in die Körperhöhlung und tötet den Wirt durch die Bildung von Toxinen ab. Danach beginnt die saprophytische Phase, d.h. der Pilz durchzieht den Insektenkörper mit seinen Pilzfäden und dringt endlich bei günstigen Tem-

61

— Trauermücken —

peratur- und Feuchtigkeitsbedingungen wieder nach außen. *M. anisopliae* wird voraussichtlich in Granulatform in den Handel kommen und kann vorbeugend wie auch kurativ, d.h. zur direkten Bekämpfung aller Dickmaulrüßlerstadien im Boden angewendet werden.

Entwicklungszyklus von Heterorhabditis sp. in einer Larve des Gefurchten Dickmaulrüßlers.
A Die Nematoden kommen in den Boden und…
B …dringen durch Körperöffnungen und dünne Hautstellen in die Dickmaulrüßlerlarve ein.
C Die Nematodenlarven geben in der Leibeshöhle der Dickmaulrüßlerlarve ihre symbiontischen Bakterien ab.
D Durch Vermehrung der Bakterien ist die Rüßlerlarve abgestorben.
E Dauerlarven verlassen die aufgebrauchte Rüßlerlarve.
F Im Boden suchen die Dauerlarven der Nematoden aktiv weitere Larven des Dickmaulrüßlers auf.

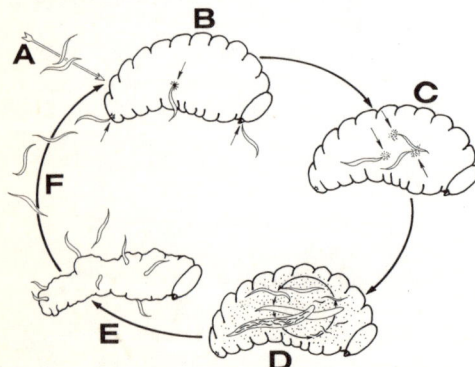

Trauermücke, links Larve

Trauermücken

Die 3–4 mm langen schwarzen Trauermücken (*Sciara*- und *Lycoria*-Arten) sind vor allem an Topfkulturen zu finden. Sie ernähren sich meist von abgestorbenen Pflanzenteilen. Die Weibchen legen ihre Eier bevorzugt in feuchte, humusreiche Topferde ab. Aus diesen schlüpfen 6–7 mm lange glasig-weiße Larven mit schwarzer Kopfkapsel. Sie sind die eigentlichen Schädlinge. Trauermückenlarven fressen zarte Wurzeln und ältere Wurzeln hohl. Für die biologische Bekämpfung von Trauermücken werden *parasitäre Nematoden* der Gattung *Steinernema* (*Neoaplectana*) angeboten. Im Erwerbsgartenbau unter Glas konnten damit schon gute Erfolge erzielt werden. Die Anwendung erfolgt wie bei den parasitären Nematoden der Gattung *Heterorhabditis*.
Zum Abfangen der erwachsenen Trauermücken haben sich kleine Gelbtafeln und Gelbsticker (siehe Foto S. 56 o. l.) gut bewährt.

Springschwänze

Springschwänze (Collembolen) leben meist in oder auf der Erde. Mit einer Sprunggabel können sich die Tiere sprungartig fortbewegen, was z.B. beim Gießen gut zu beobachten ist. Solange Springschwänze nicht in Massen auftreten, sind sie ausgesprochen nützlich, da sie organische Substanz abbauen. Besonders bei hoher Bodenfeuchte vermehren sie sich zeitweilig übermäßig stark. In solchen Fällen fressen sie dann auch unterirdische Stengelteile und Wurzeln. Als vorbeugende Gegenmaßnahme hat sich bewährt, insbesondere Erdmischungen mit einem hohen Kompostanteil nicht zu naß zu halten.

Kohlweißlinge

Findet man an Kohl angenagte oder gar bis auf die Blattrippen abgefressene Blätter, so läßt dies auf einen Befall von Kohlweißlingen schließen. Die Raupen des Großen Kohlweißlings *(Pieris brassicae)* sind gelblichgrün und schwarz gefleckt. Die Raupen des Kleinen Kohlweißlings *(Pieris rapae)* zeigen eine hellmattgrüne Färbung mit blaßgelblichen Seiten- und Rückenstreifen. Die Falter sind elfenbeinweiß mit schwarz gefärbten Flügelspitzen. Die Weibchen legen im Frühjahr gelbe Eier an die Blattunterseiten von Kohlgewächsen und anderen Kreuzblütlern (häufig an Kresse). Beide Kohlweißlingsarten lassen sich gut durch *Bakterienpräparate (Bacillus thuringiensis)* biologisch bekämpfen.

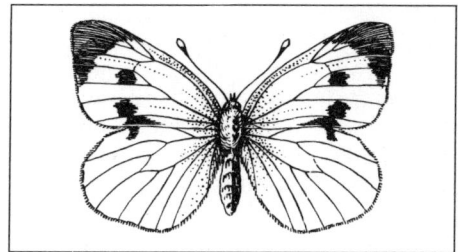

Großer Kohlweißling

Kohlerdflöhe

Wenn an jungen Blättern, insbesondere an den Keimlingen und Jungpflanzen von Kohlgewächsen, rundliche Löcher gefunden werden, läßt dies auf einen Befall mit Kohlerdflöhen (*Phyllotreta* spp.) schließen. Diese dunkelgrün bis dunkelblauen oder schwarzglänzenden Käfer sind 1,5–3 mm lang und besitzen besonders gestaltete Sprungbeine, die es ihnen ermöglichen, »flohartig« emporzuschnellen. Trockener Boden begünstigt das Auftreten dieser Schädlinge. Vorbeugend sollte die Bodenoberfläche

Kohlerdfloh mit typischem Fraßbild

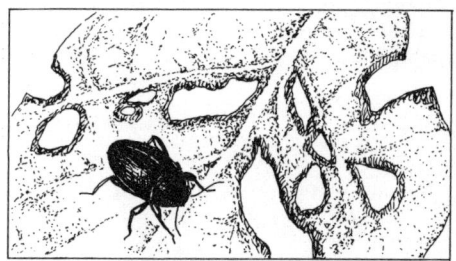

gelockert werden, da die Käfer rauhen Boden meiden. Das regelmäßige Wässern der Keim- und Jungpflanzen sowie eine Mischkultur von Kohlgewächsen mit Salaten und Spinat sind ebenfalls zu empfehlen. Bei stärkerem Befall können Pyrethrum-Präparate verwendet werden.

Nematoden

Bei den pflanzenschädigenden Nematoden (Fadenwürmern) unterscheidet man Blatt-, Stengel-, Wurzelgallen- und Wurzelzystenälchen. Im Gewächshaus können vor allem an Tomaten die bis zu 1mm langen Wurzelgallenälchen

(*Meloidogyne incognita* u.a.) auftreten, erkennbar an der Bildung brauner Flecken, Anschwellungen und Gallbildungen an den Wurzeln. Gegenmaßnahmen sind die Verwendung resistenter Tomatensorten und die vorbeugende Anpflanzung von Tagetes (Studentenblumen).

Schnecken

Auch im Gewächshaus kann es hin und wieder zu einem Auftreten von Schnecken kommen. Besonders gefährdet sind dann Keimlinge und Jungpflanzen. Die Schnecken verursachen einen Loch- und Blattfraß, ein eindeutiger Hinweis

Nutzorganismen für die biologische Schädlingsbekämpfung im Gewächshaus

Schädlinge	Nützlinge/Nutzorganismen	
Blattläuse	Räuberische Gallmücken Florfliegen Schlupfwespen	(*Aphidoletes aphidimyza*) (*Chrysopa carnea*) (*Aphidius matricariae*)
Spinnmilben	Raubmilben	(*Phytoseiulus persimilis*)
Weiße Fliegen	Schlupf- bzw. Erzwespen	(*Encarsia formosa*)
Thripse	Raubmilben	(*Amblyseius* spp.)
Woll- und Schmierläuse	Australische Marienkäfer	(*Cryptolaemus montrouzieri*)
Minierfliegen	Schlupfwespen	(*Dacnusa sibirica*) (*Diglyphus isaea*)
Dickmaulrüßler	Parasitäre Nematoden Parasitäre Pilze	(*Heterorhabditis* spp.) (*Metarhizium anisopliae*)
Trauermücken	Parasitäre Nematoden	(*Steinernema bibionis*)
Kohlweißlinge	Nützliche Bakterien	(*Bacillus thuringiensis*)

sind auch die Schleimspuren. Da im Gewächshaus häufig nur wenige Tiere auftreten, genügt ein Aufstellen von »Bierfallen« oder ein morgendliches Absammeln. Sehr hilfreich sind dabei auf den Boden gelegte große Rhabarber- oder Gemüseblätter oder auch kleine Bretter, unter die sich die Schnecken in den frühen Morgenstunden zurückziehen.

Pflanzenkrankheiten unter Glas

Nicht nur tierische Schädlinge können einem Gewächshausgärtner das Leben schwer machen, auch verschiedene Pflanzenkrankheiten – verursacht durch mikroskopisch kleine Viren, Bakterien und Pilze – können sich im warmen und oft feuchten Klima des Gewächshauses schnell ausbreiten. Sind diese Krankheiten erst einmal aufgetreten, so ist eine Bekämpfung mit naturgemäßen Verfahren nur in wenigen Fällen möglich. Die vielfältigen vorbeugenden Maßnahmen sind daher gerade hier von besonderer Bedeutung.

Viruserkrankungen

Mosaikartige Scheckung der Blätter, Vergilbung und Adernaufhellung sind die typischen Symptome einer Viruserkrankung. Auch können gekräuselte Blätter und verkrüppelte Früchte gefunden werden. Glücklicherweise treten diese Erkrankungen im Gewächshaus recht selten auf (z.B. Gurken- und Tomatenmosaikvirus). Die direkte Bekämpfung einer Viruskrankheit ist nicht möglich. Den Gärtnern stehen nur vorbeugende Maßnahmen zur Verfügung. Dazu zählen die Verwendung gesunden Saat- und Pflanzgutes, resistenter Sorten und das Ausmerzen der direkt befallenen Pflanzen. Pflanzenteile und Erntereste kranker Pflanzen sollten unbedingt aus dem Gewächshaus entfernt werden. Nach der Arbeit an erkrankten Pflanzen sollten sowohl die Hände als auch die benutzten Gerätschaften sorgfältig gereinigt, möglichst auch desinfiziert werden. Da einige Viruskrankheiten durch Blattläuse übertragen werden, sollten beim ersten Auftreten dieser Schädlinge sofort Gegenmaßnahmen eingeleitet werden.

Bakterienkrankheiten

Allgemeine Symptome einer Bakterienerkrankung sind Welkeerscheinungen (z.B. Tomatenwelke), Verfärbungen und Fleckenbildungen, Fäulen als auch Formveränderungen wie Gallen und Tumore. Ein typisches Beispiel ist die Fettfleckenkrankheit der Buschbohne (*Pseudomonas phaseolicola*): Auf den Blättern erscheinen kleine abgestorbene Flecken, umgeben von einem größeren blaßgrünen oder gelblichen Hof. Die eigentlichen Fettflecken entstehen auf den Hülsen, die Befallsstelle ist durchsichtig bis glasig, bei feuchter Witterung ist hier ein weißlicher Bakterienschleim zu finden.

Grauschimmel

Die direkte Bekämpfung ist auch hier nicht möglich. Vorbeugend können nur gesundes Saat- und Pflanzgut, resistente Sorten, die Vermeidung von Wunden an den Pflanzen sowie die Beseitigung von befallenen Pflanzenrückständen empfohlen werden.

Krankheiten durch Bodenpilze

Läuft die Saat ungleichmäßig auf, sind die Stengel der Keimpflanzen am Wurzelhals weich und dunkel gefärbt, fallen die Pflänzchen um und verfaulen, dann sind meist Bodenpilze am Werk. Hier handelt es sich um Krankheiten wie Schwarzbeinigkeit, Wurzelbrand, Umfall- und Auflaufkrankheit. Besonders bei kühl-feuchtem Kleinklima, stauender Nässe und sauren Böden treten diese Krankheiten verstärkt auf. Es können folgende Gegenmaßnahmen ergriffen werden:

Für die Anzucht sollte nur frische Erde mit Beimischung von reifem Kompost, Gesteins- und Tonmehl (Bentonit) verwendet und die Saatgefäße vor Gebrauch gereinigt werden. Ferner sollte die für die jeweilige Pflanzenart spezifische Keimtemperatur unbedingt eingehalten werden. Eine Stärkung der pflanzlichen Abwehrkräfte mit Algenextrakten (ALGAN-Braunalgenextrakt) oder Schachtelhalmbrühe und auch Spritzungen des Bodens und der Keimpflänzchen mit Kamillenauszug können die Infektionsgefahr durch Bodenpilze vermindern.

Grauschimmel

Die durch Grauschimmel (*Botrytis* spp.) befallenen Pflanzenteile sind glasig und sehr bald von einem mausgrauen, flächigen Schimmelbelag überzogen. Das Gewebe stirbt rasch ab. Es entstehen große rotbraune Flecken auf Blättern und Früchten. Besonders gefährdet sind Gurken, Tomaten, Salat und Zwiebeln. Ein Befall ist aber auch an Geranien, Primeln, Cyclamen und anderen Zierpflanzen festzustellen. Der Grauschimmel ist ein ausgesprochener Schwächeparasit. Die Stärkung der Widerstandskraft und Verbesserung der Wachstumsbedingungen sind daher wichtige vorbeugende Maßnahmen. Eine einseitige Stickstoffdüngung sollte vermieden werden, der Boden locker und durch Mulch abgedeckt sein. Vorteilhaft ist

Umfallkrankheit (erkennbar an schwarz verfärbten Stengeln)

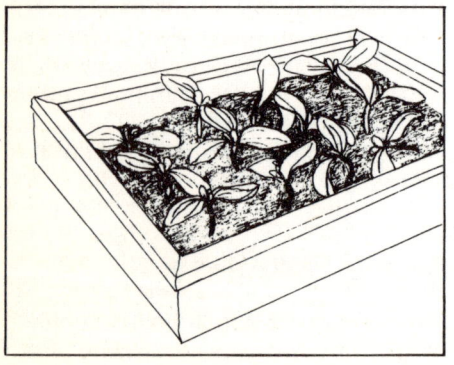

Mehltau

eine gute Durchlüftung und Lichtdurchlässigkeit des Pflanzenbestandes durch weite Pflanzabstände, Entfernen überschüssigen Laubes und Aufleiten der Gurken an Schnüren oder Gittern. Verletzungen der Pflanzen sind zu vermeiden, damit keine Eintrittspforten für den Pilz entstehen. Zusätzlich empfiehlt es sich, das Jugendwachstum der Pflanzen durch Brennesseljauche zu fördern und die Widerstandskraft der Pflanzen mit Algenpräparaten (ALGAN-Braunalgenextrakt), Schachtelhalmbrühe oder handelsüblichen Stärkungsmitteln (z.B. NEUDO-VITAL) zu stärken. Befallene Pflanzenteile sollten möglichst umgehend entfernt und vernichtet werden.

Echter Mehltau

Der Echte Mehltau (*Erysiphe* spp., *Sphaerotheca* spp.) tritt vorwiegend an Gurken (siehe Foto S. 36 u.), Kürbis und Melonen auf. Auf den Blattoberseiten bilden sich zunächst kleine, mehligweiße Flecken, die sich schnell ausbreiten, ineinander fließen und letztendlich das gesamte Blatt bedecken können. Der Mehltaubelag verfärbt sich später grau, die befallenen Blätter sterben ab. Empfehlenswert ist die Pflanzung weniger anfälliger oder resistenter Sorten, die Einhaltung weiter Pflanzabstände und die Vermeidung einer einseitigen Stickstoffdüngung. Auch eine gute Durchlüftung des Gewächshauses vermindert die Infektionsgefahr. Zur Stärkung der Abwehrkräfte sollten vorbeugende Spritzungen mit dem Pflanzenstärkungsmittel NEUDO-VITAL, Schachtelhalmbrühe oder Knoblauchtee durchgeführt werden. Eine direkte Bekämpfung ist möglich durch regelmäßige Spritzungen mit Lecithin-Präparaten (z.B. BIO-BLATT MEHLTAUMITTEL). Auch hier sollten grundsätzlich befallene Pflanzenteile sofort vernichtet werden.

Falscher Mehltau

Der Falsche Mehltau (*Bremia lactucae*) tritt z.B. an Salat, Zwiebeln und Schnittlauch auf. Auf den Blättern entstehen gelbe, später braune Flecken, bei Salat bildet sich blattunterseits ein weißer Pilzbelag. Befallene Blätter gehen in Fäulnis über. Auch hier ist die Auswahl resistenter Sorten zu beachten. Der Boden sollte locker gehalten werden und die Kultur durch weite Pflanzabstände gut durchlüftet sein. Besonders gefährdete Kulturen sollten frühestens nach drei Jahren an derselben Stelle wieder angebaut werden. Bewährt haben sich die Stärkung der Jungpflanzen mit Algenextrakten und vorbeugende Spritzungen von Schachtelhalmbrühe, Fettsäuren-Pflanzenextrakt- oder Lecithinpräparaten (z.B. NEUDO-VITAL, BIO-BLATT-MEHLTAUMITTEL). Kranke Pflanzenteile sollten aus dem Gewächshaus entfernt werden.

Kraut- und Braunfäule

Der Befall durch Kraut- und Braunfäule (*Phytophthora infestans*, siehe Foto

Kraut- und Braunfäule an Tomaten

S. 37 o.) tritt – vor allem an Tomaten – zuerst an den älteren Blättern auf. Die Blattoberseite weist graue, später braune bis schwarze Flecken auf. Entlang des Fleckenrandes zeigt sich auf der Blattunterseite bei hoher Feuchtigkeit ein weißliches Pilzgeflecht. Die zerstörten Blattpartien vertrocknen oder verfaulen. Am Stengel treten ebenfalls dunkle Flecken auf. Die unreifen Früchte zeigen zunächst unscharfe, helle Flecken, die später braun und hart werden. In einem feucht-warmen Gewächshausklima kann sich die Krankheit schnell ausbreiten. Daher ist darauf zu achten, daß die Luftfeuchtigkeit nicht zu stark ansteigt. Die Pflanzen sollten nicht von oben bewässert werden. Bewährt hat sich ferner die Stärkung der Widerstandskraft der Pflanzen mit Algenpräparaten (ALGAN-Braunal-genextrakt) oder Brennessel-Brühe und die vorbeugende Anwendung pilzhemmender Brühen und Tees aus Knoblauch, Zwiebeln oder Schachtelhalm. Günstige Wirkung zeigen regelmäßige Spritzungen mit dem Stärkungsmittel NEUDO-VITAL. Kranke Blätter müssen vernichtet werden, nach der Ernte sind alle Pflanzenrückstände zu verbrennen.

Bohnenrost

Treten auf Blattunterseiten, Blattstielen und Stengeln weiße Sporenlager auf, so sind dies die ersten Anzeichen des Bohnenrostes *(Uromyces appendiculatus)*. Dieses Schadbild wird leicht übersehen, erst das Entstehen von rostfarbenen und schwarzbraunen Pusteln auf den Blättern wird bemerkt. Auch die Hülsen werden befallen.
Durch die Auswahl widerstandsfähiger Sorten und Einhaltung weiter Pflanzabstände kann die Infektionsgefahr vermindert werden. Dichte Pflanzenbestände, in denen die Blätter lange feucht bleiben, sind besonders gefährdet. Der Gärtner sollte daher für eine ausreichende Luftbewegung im Gewächshaus sorgen. Stangenbohnen sollten möglichst an Stahldrahtstangen oder desinfizierten Schnüren aufgeleitet werden. Auch hier haben sich die Stärkung der Jungpflanzen durch Algenextrakte und regelmäßige, vorbeugende Spritzungen mit NEUDO-VITAL bewährt. Auch die Vernichtung befallener Ernterückstände stellt eine wichtige Hygienemaßnahme dar.

Bohnenrost

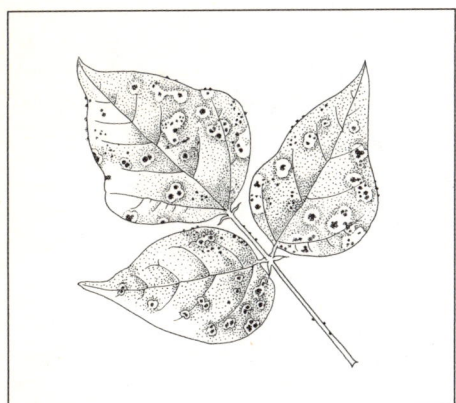

Bohnenrost

Weitere Pilzkrankheiten

Der Erreger der *Brennfleckenkrankheit* (*Colletotrichum lindemuthianum*) verursacht auf Blattadern, Stengeln und Hülsen von Busch- und Stangenbohnen braune Flecken. Die typischen Brennflecken – vorwiegend runde, braune Flecken, die von einem schwarzen Rand umgeben sind – entstehen auf den Hülsen und auch auf den Keimblättern. Eine direkte Bekämpfung mit naturgemäßen Mitteln ist nicht möglich, ratsam ist die Verwendung resistenter Sorten.

Das Auftreten der *Samtfleckenkrankheit* (*Cladosporium fulvum*) an Tomaten ist daran zu erkennen, daß auf den Blattoberseiten zunächst gelbe, unscharf begrenzte Flecken auftreten. Blattunterseits ist ein samtartiger, bräunlicher Belag zu finden. Nach und nach sterben die älteren Blätter ab; Blattstiele, Stengel und Früchte werden nicht befallen. Auch hier ist die Wahl resistenter Sorten entscheidend.

Eine weitere Krankheit an Tomaten – vor allem bei einer schlechten Bodenstruktur und einem pH-Wert unter 6 – ist die *Tomatenwelke* (*Verticillium* spp.): Die Blätter der Triebspitzen werden trotz ausreichender Wasserversorgung welk, beginnend an den unteren Blättern färbt sich die Spitze einzelner Blätter gelb oder orange. Auf den Blattspreiten finden sich bräunliche oder aschgraue Flecken, die Pflanzen bleiben im Wuchs zurück, und die Stengel sind im Inneren grau verfärbt. Eine Bekämpfung ist nicht möglich, auch hier sollte man resistente Sorten verwenden.

Wenn an den Tomaten die untersten Blätter zu welken beginnen und absterben, kann dies ein Anzeichen für die *Fusarium-Welke* sein. Diese Erscheinung beschränkt sich oft auf einen Teil der Pflanze. Die Leitungsbahnen in den Stengeln und Blattstielen sind dunkelbraun verfärbt. Die Früchte werden abgestoßen oder bleiben klein. Der Erreger dieser Krankheit (*Fusarium* spp.) kann über die Wurzeln weiter verbreitet werden, so daß die Pflanzen reihenweise krank werden. Auch hier ist die Wahl resistenter Sorten entscheidend.

Anhang

Bezugsquellen

*Biologisch-organische Düngemittel
Pflanzenstärkungs- und Hilfsmittel
Bodenhilfsstoffe
Pflanzenschutzmittel natürlichen
Ursprungs*

Deutschland
Sofern bei Drucklegung bekannt, werden die neuen Postleitzahlen genannt.

W. Neudorff GmbH KG, An der Mühle 3,
31860 Emmerthal

Oscorna-Dünger GmbH & Co.,
Erbacher Straße 41,
89079 Ulm

Compo GmbH, Postfach 2107,
W-4400 Münster

Cohrs GmbH,
W-2720 Rotenburg/Wümme

Gebr. Schaette KG, Postfach 147,
88339 Bad Waldsee

Propfe GmbH, Düsseldorfer Straße 9–11
68219 Mannheim

Wilhelm Haug GmbH & Co. KG,
72119 Ammerbuch (Pfäffingen)

Günther Cornufern GmbH, Weinstraße 19,
91058 Erlangen 27

Schweiz
Stoeckler Bio Agrar AG, Neuhofstraße 5,
CH-8630 Rüti/ZH

Ledona AG, Postfach 262
CH-6030 Ebikon-Luzern

Einkaufsvereinigung Schweizerischer
Gärtnermeister und Floristen,
Forchstr. 287,
CH-8029 Zürich

Österreich
Celaflor Handelsgesellschaft mbH,
Metzgerstraße 81,
A-5101 Bergheim/Salzburg

*Nützlinge zur biologischen Schädlings-
bekämpfung*

W. Neudorff GmbH KG,
Abt. Nutzorganismen,
An der Mühle 3,
31860 Emmerthal

Sautter & Stepper GmbH, Rosenstraße 19,
72119 Ammerbuch

Bio Nova – Gesellschaft für angewandte
Biologie mbH, Boschstraße 16,
47533 Kleve

Hatto Welte, Gartenbau, Maurershorn 10,
78479 Reichenau (Bodensee)

Literaturtips

Bücher

BERLING, R.: Nützlinge und Schädlinge im Garten / Erkennen und richtig handeln – BLV Verlagsgesellschaft, München, Wien, Zürich, 1986

BUNDESSORTENAMT: Beschreibende Sortenlisten 1990, Bezug durch: dfv-Buchverlage, Frankfurt

Register

FISCHER, C und R.: Das große Biogarten-Handbuch, Südwest Verlag, München, 1988

GABRIEL, I.: Der Biogarten unter Glas und Folie – Ganzjährig erfolgreich ernten. Falken-Verlag, Niedernhausen/Ts., 1988

HOPLITSCHEK, E./TEGETHOFF, B.M.: Aktion Garten ohne Gift: Gesunde Umwelt durch natürlichen Pflanzenschutz. Falken-Verlag, Niedernhausen/Ts., 1989

JACOB, K./MIERSWA, D.: Gärtnern unter Glas und Folie – Kleingewächshäuser und Frühbeete, Bau, Technik, Nutzung. BLV Verlagsgesellschaft, München, Wien, Zürich, 1988

KREUTER, M.-L.: Pflanzenschutz im Bio-Garten. BLV Verlagsgesellschaft, München, Wien, Zürich, 1990

LINDNER, U.: Der Hausgarten biologisch. Verlag Eugen Ulmer, Stuttgart, 1987

PEDERSEN, O.C./REITZEL, J./STENGAARD HANSEN, L.: Pflanzen natürlich schützen – Nützlinge im Treibhaus und Garten. Wolfgang Krüger Verlag, Frankfurt/Main, 1986

SCHOSER, G./WOLFF, J.: Rund ums Jahr erfolgreich gärtnern: Gewächshäuser – planen, bauen, einrichten, nutzen. Falken-Verlag, Niedernhausen/Ts., 1988

STEIN, S.: Gärtnern im Kleingewächshaus – Kulturanleitungen für Zier- und Nutzpflanzen. BLV Verlagsgesellschaft, München, Wien, Zürich, 1987

Zeitschriften

Garten organisch – Fachmagazin für biologisches Gärtnern. Organischer Landbau Verlag

Kraut & Rüben – Biologisches Gärtnern und naturgemäßes Leben. BLV-Verlagsgesellschaft, München

Register

Register